口絵１　チンパンジーのアイがサインペンで描いた絵(齋藤，2008)［19ページ］

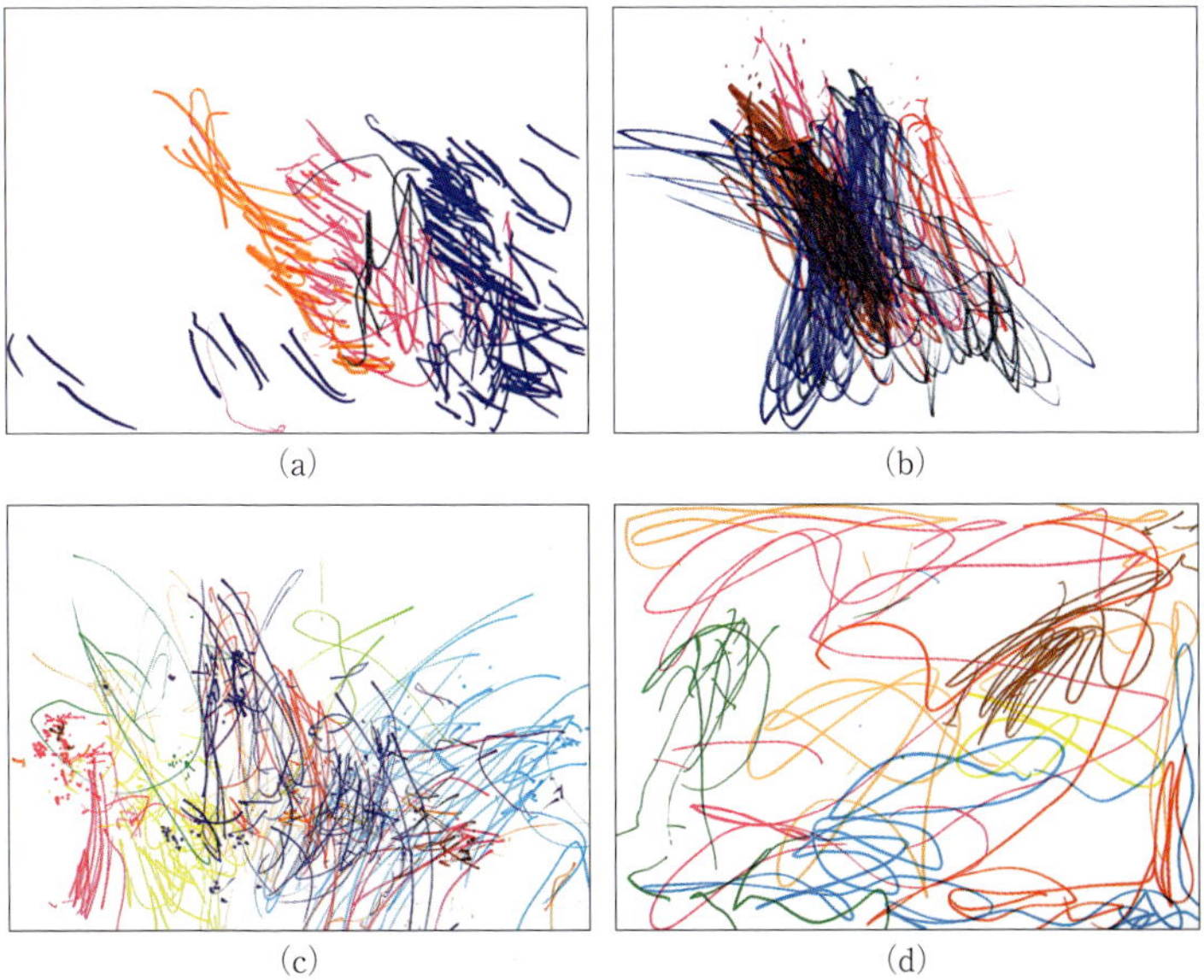

口絵２　４人のおとなのチンパンジーたちの画風(齋藤，2008)．アイの絵はどれかわかるだろうか［20ページ］

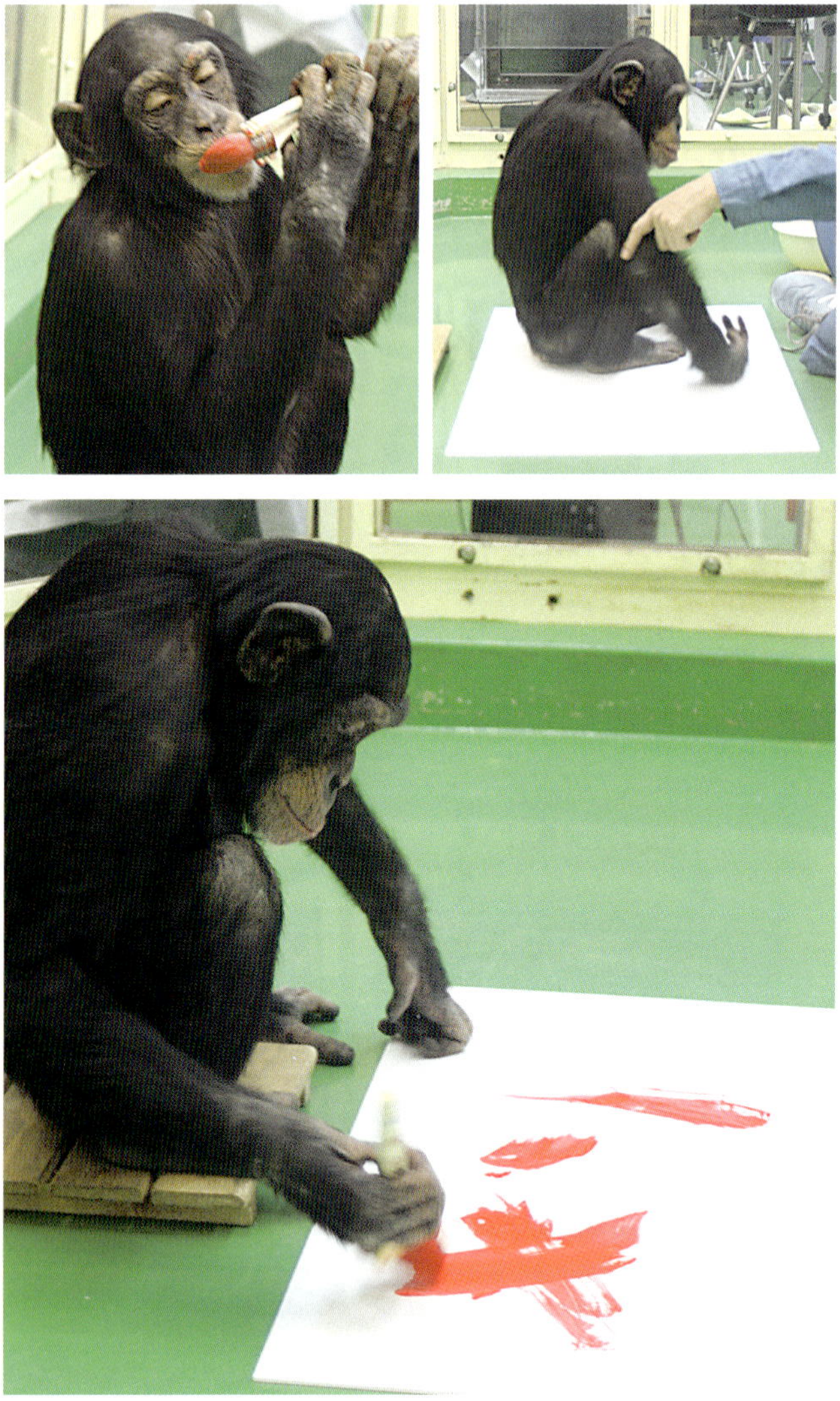

口絵３　白いボードと赤いえのぐで制作中のパル．全身で探索する（撮影：野上悦子）［75～76ページ］

SCIENCE

岩波科学ライブラリー 221

ヒトはなぜ
絵を描くのか

芸術認知科学への招待

齋藤亜矢

岩波書店

目次

カバー写真撮影＝野上悦子

プロローグ　洞窟壁画を訪れる

スペイン北部に位置するカンタブリア地方は、冬でも温暖で柔らかな日差しに満ちていた。石灰岩質の山と谷が繰り返し、その斜面でウシやウマが青い草を食んでいる。のどかな風景のなか、見事な円錐形をした山の中腹にその洞窟はあった。エル・カスティージョ洞窟——2006年11月、そこではじめて本物の洞窟壁画を見ることになった。

ガイドの案内で洞窟に入ると、中は意外と広く、奥にも深い。洞窟としてかなりよい物件だったのだろう。入口付近は居住スペースとなっていたらしく、ネアンデルタール人からホモ・サピエンスの幅広い年代にわたって利用された痕跡が展示されていた。奥に進むと、大広間とよばれる広い空間があり、そこからさらに入り組んだ小部屋が連なる。そして、広い壁面から、人ひとりが入るのがやっとという狭い隙間にまで、さまざまな箇所に絵はあった。

壁面を削って描かれた絵(線刻画)が多く、シンプルな線でウマや雌雄のシカ、ヤギなどが重ね描きされている。赤や黒の顔料で描かれたオーロックス(原牛)やシカ、バイソンの絵もあった。迷いのないのびやかな線で形がとらえられており、動物たちが生き生きして見える。

円や釣鐘型の図形、帯状の複雑な幾何学図形、点列で描かれた図形などのシンボルも無数にあった。

洞窟内には鍾乳石も発達している。とりわけ大きな柱状の鍾乳石の一つに、バイソンが垂直に描かれているものがあった。柱の下の方がふくらんでいて、バイソンの体になっている。薄れていてはっきりとは見えないが、輪郭を補うように黒の顔料と線刻でその形を仕上げてあった。ガイドが柱の先端に懐中電灯の光を向けると、角のある頭部のシルエットが後ろの壁面に大きく照らしだされた。

先史時代の壁画を求めて、アルタミラ洞窟もあるこのカンタブリア地方、ラスコー洞窟のあるフランス・ペリゴール地方の、合計六つの洞窟を訪れた。場所や部分によって技巧や表現は違ったが、デッサン力が高いと感じさせる絵が多かった。さまざまな種類の動物たちが、その雌雄の別、さらには筋肉のつきかたまでわかるほどしっかりととらえられている。アルタミラ洞窟とラスコー洞窟では、残念ながらレプリカしか見学できなかった。しかし、名を知られているだけあって、二つの洞窟の壁画は、ひときわ芸術性が高く、色や技法を効果的に使った多彩な表現がなされていることがうかがわれた。

もちろん事前に本やインターネットなどの資料で洞窟壁画の写真や動画を見てはいた。しかし、現地に身を置いて、それもレプリカでなく本物を見るのはまるで違う体験だった。先史時代のある日、あるだれかが絵を描いた、その同じ空間に自分がいる。描線や線刻の一彫り一彫りに、描いた人の手の動きが見えるようであり、顔料を吹きつけてかたどった手形からは、そのだれかの存在が生々しく伝わってきた。ああ、同じヒトが描いたのだ、とぞくぞくするような親近感を感じた。

壁画といっても、平面に描かれているわけではなく、凹凸のある岩肌に描かれている。そのことも、写真と実物での印象の違いに大きな影響をもたらしていた。

そして、前述の鍾乳石のバイソンだけでなく、壁面の凹凸や亀裂を動物の体のふくらみや輪郭の一部に利用した絵(図0-1)、埋まった小石を動物の目として利用した絵など、自然の形状を利用した絵がいくつもあった。それはクロマニョン人たちが、自然の形状にモノのイメージを見立てて描いていた、確かな証拠だった。

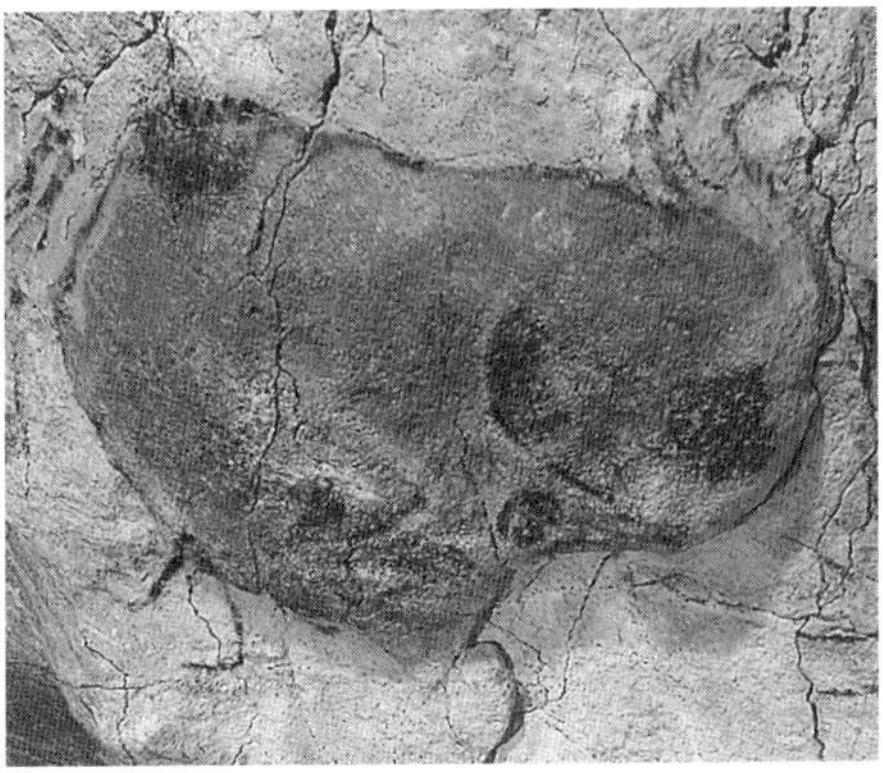

図0-1　アルタミラ洞窟の天井画の一部．凹凸のふくらみにうずくまるバイソンが描かれている．左下に角のある頭部．岩の亀裂と輪郭線が重なる部分がある(アントニオ・ベルトランほか『アルタミラ洞窟壁画』岩波書店，2000より)

1
描く心の起源を探る旅の出発点

クロマニョン人たちの絵筆

最初にアルタミラ洞窟の壁画を発見したのは、地元の子どもだったという。当初は、まさかそれが旧石器時代に描かれたものだとは信じられなかった。その表現があまりにも洗練されたものだったからだ。

しかし、ほかにもいくつかの洞窟壁画が見つかり、考古学研究が進んで、後期旧石器時代である約4万年前から1万年前までの間にわたって、ヨーロッパ各地で壁画が描かれた時代が続いたことがわかった。絵を描いたのは、わたしたちと同じホモ・サピエンスのうち、クロマニョン人と名づけられた人びとだ。

海部陽介さんの『人類がたどってきた道』を読むと、彼らが生きた旧石器時代のイメージがくつがえされる。クロマニョン人たちの狩猟の技術や石器製作の技術、そして描くための画材や技法も「原始的」とはほど遠いのだ。

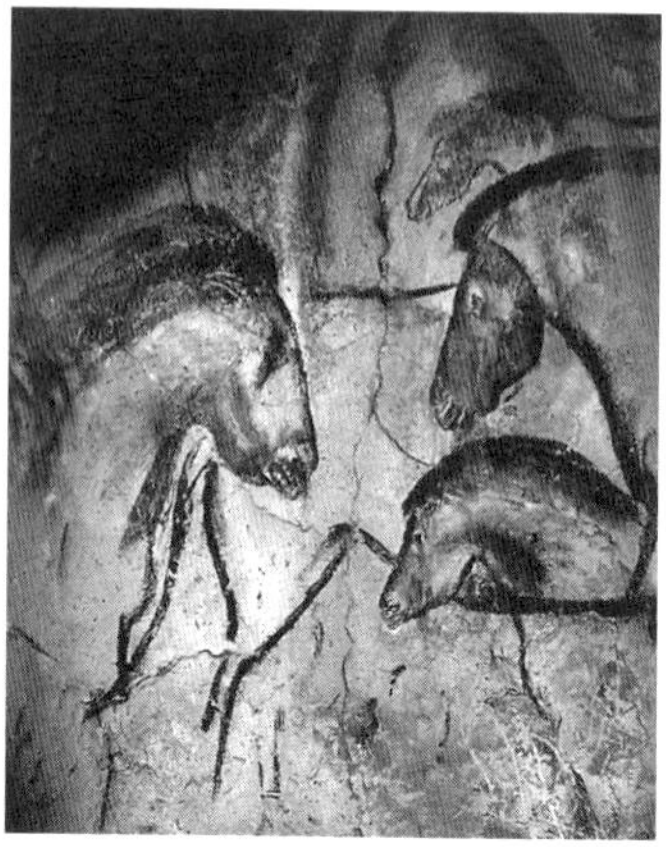

図1-1　フランスのショーヴェ洞窟の壁画．動物の姿が写実的に描かれ，微妙な陰影も表現されている(Clottes, 2003)

洞窟の入口は居住スペースとして使われることが多く、絵は奥の方に見つかることが多い。ときには入口から1キロメートル以上も奥にあることもある。もちろん太陽の光はまったく届かないから、彼らは石製のランプや松明《たいまつ》などの灯りをたずさえて絵を描いていた。

　描かれているのは、量的にも質的にも動物の絵が圧倒的だ。ウマやバイソンを筆頭に、シカやライオン、マンモス、クマ、トナカイなど、その種類も多岐にわたる。シンプルな線画から彩色されたものまで、表現方法もさまざまだ。洞窟によって技法や表現は異なるが、とくに古いとされる、フランス・ショーヴェ洞窟の絵でも、動物たちの絵は写実的で、微妙な陰影や遠近法などの発達した技法が見られる(図1-1)。

　単色で描かれた場所もあるが、さまざまな顔料を駆使して色彩豊かな表現がなされた。基本的に赤、黄、茶色はオーカー(酸化鉄)で、黒は炭か二酸化マンガン、白には白陶土が用いられた。しかもこれらの材料を加熱したり、調合したりして、微妙な色合いをつくり出していたという。顔料を溶くメディウム(結合剤)は、水や動植物の脂肪だ。それを指につけて直接描くほか、動物の毛のブラシも使われていた。棒の先に動物の皮をかぶせたスタンプを使って、色を塗ったり、点描をしたりしているところもある。色をつけたくない部分を手などでマスキングしておいて、口に含んだ顔料をスプレーのように吹きつける高度な技法も多用されていた。

人物画も描かれているが、動物の絵の写実的な表現と比べると、数も少なく不明瞭な絵が多い。あっても、きまってデフォルメされたマンガ的、記号的な表現になっている。そのなかには少数ながら、動物の頭部と人間の体を組み合わせた半人半獣の絵もある。

具体的なモノの形を描いた表象画以外では、シンボルも数多く描かれている。点列や円、長方形、幾何学模様、あるいはそれらを組み合わせた複雑な図形もある。地域で共通のシンボルがあり、何度も繰り返し描かれていることも多い。手形は、手のひらにつけた顔料をスタンプした陽画と、手を置いてから周りに顔料を吹きつけた陰画の2種類があり、これらもかなりの数が見つかっている。

洞窟や岩陰にほどこされているのは、顔料を使った彩色画よりも、線刻画や浮き彫りなどの彫刻的な表現の方が数は多い。これら洞窟や岩陰にほどこされたものを総じてロックアートといい、石や動物の骨、角などでつくられる、持ち運び可能なポータブルアートと区別される。

洞窟でたくさんの石器とともに見つかっているポータブルアートも多彩で、とくに骨角器は、柔らかく加工しやすいせいか、ため息が出るほど繊細なデザインがほどこされたものもある。ウマの頭部が彫られたナイフなど、こちらも動物をモチーフとしたものが多い。

これらの絵や彫刻が何のために描かれ、何を意味しているのか、確かなことは今も謎のままだ。動物の絵が多いことから、当初は狩猟の成功や多産を願った呪術的なものだと考えられた。しかし必ずしも、獲物となった動物だけが描かれているわけではない。

フランスの先史学・文化人類学の第一人者だったアンドレ・ルロワ＝グーランは、構造主義的な分析から、絵には当時の人びとの社会や自然の構図(神話)が描き出されていると指摘した。ただし、各地の壁画に共通する普遍的なデザインがあるわけでなく、意味や用途も洞窟ごとに、それぞれの背景があったのではないかと考えられている。

ヒトが絵を描き始めたころ

壁画が描かれた時期を正確に知ることはむずかしい。壁画のうち黒色の木炭で描かれた部分は、炭素同位体による年代測定ができるが、誤差も大きい。木炭以外で描かれた部分は、その方法さえ使えず、絵のスタイルやほかの絵との重なりで、年代が判定されてきた。

その見積もりによると、ラスコー洞窟の壁画は約1万7千年前、アルタミラ洞窟の壁画は約1万8千年前、そしてショーヴェ洞窟の壁画が少なくとも3万2千年以上前とされ、ヨーロッパの壁画のなかでは最古だとされていた。一説には、オーストラリアや南アフリカにあるロックアートはそれ以上に古いともいわれるが、決定的な証拠は見つかっていない。しかしいずれにしても、この旧石器時代の終わりごろには、ヨーロッパだけでなく世界各地でヒトは洞窟や岩場に絵を描いていたようだ。

ラスコーやアルタミラの洞窟が、現在、実物を公開していないのは、観光客の増加によって二酸化炭素やカビなどの微生物が増え、壁画が損傷してしまったからだ。逆にいうと、むしろそんなはかない絵が数万年以上も保存されてきたことの方が奇跡だ。たまたま洞窟の入口が落石などで崩壊し、長い期間密閉状態にあった。そんな奇跡に恵まれたのは、ごく一握りの洞窟だけだろう。

またヒトがはじめから、さまざまな画材を駆使して絵を描いたということも考えにくい。より古い時代のヒトも、指や棒で地面をひっかくなどの簡単な方法で、その場かぎりの絵を描いていたはずだ。

約20万年前にアフリカで誕生したホモ・サピエンスは、その後、約10万年前に大陸を出て、世界各地に散らばっていった。そして、たどりついた先々で絵を描き、彫刻をつくり、それぞれ独自の芸術や文化を発達させた。だから本当の最古の絵がいつ描かれたかはともかく、少なくともアフリカを出発する直前のホモ・サピエンスは、絵を描く心の基盤、すなわち描くことに必要な認知的な枠組みをもっていたはずだ。

これ以降のヒトの文化や技術の発展は、脳の器質的な構造が変わるなどの生物学的な進化

図1-2　ブロンボス洞窟で見つかった幾何学模様が刻まれたオーカー片．横 7.6 cm（Henshilwood *et al.*, 2002）

によるものではない。祖先からさまざまな知識を受け継ぎ、それに自分たちの発見や発明をつけ加えて、また次の世代に受け継ぐ。いわば「知の遺産」の蓄積によるものだ。そう考えられている。

実際に、南アフリカのブロンボス洞窟では、約7万5千年前のものとされる首飾り用の貝殻ビーズとともに、描画の痕跡をほのめかすものが見つかっている。赤色のオーカーの塊が8千点以上、そのうちの二つには、幾何学模様が刻まれていたのだ(図1-2)。オーカーを蓄えていたことが絵を描いた直接の証拠にはならない。しかし、少なくとも彼らが顔料で何かを彩色していたこと、そしてヒトがシンボルを扱っていた時代を大きく更新する証拠として話題になった。日本でも、2005年に開催された万博「愛・地球博」に出展され、国立科学博物館では一日だけの特別公開がおこなわれた。想像よりずっと小さなオーカー片に細かい線が刻まれている。なによりその繊細な手しごとに驚かされた。

また、ウラン-トリウム年代測定法という新しい調査方法で、スペインの洞窟にある壁画の一部が4万年以上前に描かれたものだという測定結果もでてきた。科学誌『サイエンス』

に発表された研究によると、最も古いとされた絵が、エル・カスティージョ洞窟(1ページ)の約4万8百年前という見積もりだ。ただし、それは赤い丸の模様が描かれた部分で、動物などの表象画の部分はもっと新しい年代とされている。それでも、赤丸が描かれた時期が、ホモ・サピエンスがこの地域にやってきた直後ということになり、先に洞窟に暮らしていたネアンデルタール人が作者であった可能性もゼロではなくなった。

ほかの場所でも、約5万年前のネアンデルタール人の洞窟から、オーカーで彩色されたホタテ貝に小さな穴があいているものが見つかっている。貝殻の上で顔料を溶いてボディペインティングに使っていたのかもしれないし、彩色した貝殻を装飾品として使っていたのかもしれない。旧人に分類されるネアンデルタール人は、わたしたちホモ・サピエンスの直系の祖先ではない。しかし、ゲノムの研究からは、ネアンデルタール人とホモ・サピエンスが混血していた証拠も出てきている。その違いはこれまで考えられていたよりは小さいのかもしれない。

ただし、今のところ具体的なモノの形、表象画を描いた証拠があるのは、ホモ・サピエンスだけだ。

個体発生と系統発生の二つの視点

ホモ・サピエンスの歴史のなかで、文字をもたない文化はめずらしくないが、絵画や彫刻、身体装飾などの芸術をもたない文化は、ほぼ皆無だ。さまざまなスタイルをとりながら、芸術は生み出され、人びとはそれを求める。精神医学や臨床心理学の現場で、描画テストや描画療法が用いられるということは、絵を描くという行為が深いところでヒトの精神活動と結びついているからなのだろう。

神経内科医の岩田誠さんは、ホモ・サピエンス（理性のヒト）をホモ・ピクトル（絵を描くヒト）と名づけたが、ヒトはなぜ絵を描くのか。絵を描く人類と絵を描かなかったほかの人類とでは、いったい何が違うのだろう。

こんなとき、チンパンジーに協力を依頼するのが比較認知科学の手法だ。現存するなかで、ヒトに最も近縁な種であるチンパンジーは、およそ600万年前に共通の祖先から分かれた。ゲノムDNAの差異でいうと、その違いはわずか、1・2％。だから、ヒトとチンパンジーで共通する点は、おそらくその共通祖先がすでにもっていた特徴だろうし、異なる点は、それ以降にそれぞれ独自の進化の過程で身につけた特徴だと考えることができる。

また、赤ちゃんが絵筆を持っていきなり絵を描けるわけではなく、描く行為は段階的に発達していく。「個体発生は系統発生を繰り返す」というドイツの生物学者ヘッケルの言葉にしたがえば、ヒトの子どもの発達過程には、描くために必要な知性や運動能力についてのヒントがあるはずだ。

そこでまず、チンパンジーの描画行動をヒトの子どもの発達過程と直接比較することから、描くことの起源にせまることにしたい。ヒトの発達過程という個体発生的な視点と、チンパンジーとの種間比較という系統発生的な視点の両方から、絵を描く心の成りたち、認知的な基盤を探ろう、というわけだ。

2 ヒトの子どもとチンパンジー

なぐり描きから表象へ

たとえばヒトの1歳児がはじめて「おえかき」に挑戦するときの様子を見てみよう。小さな手に握られたペンが向かう先は、画用紙の上でなく口の中ということも多い。周りのおとなに制されてペンを口から出すと、今度はそれを空中でふりまわしはじめる。そのうち手をすりぬけてペンが飛んでしまうこともある。楽しくなって数回ペンを飛ばしたのち、ペンを握り直して、また紙の上でふりまわす。そうこうしているうちに、ふりまわしたペン先が紙にこつんとあたって点が生まれたり、紙の上をかすめて線が生まれたりする。すると「あっ」と声を上げ、にっこりとほほ笑む。白い紙の上に現れた痕跡を不思議そうに指でさわって確かめる。まだ乾いていないインクが指に移ると、手をふってそれを消そうとし、消せなくて泣いてしまうこともある。

ペン先を紙につけると点が生まれる。ペン先を紙につけたまま水平に動かすと、線が現れる。手を動かしているうちに、筆記具と紙との対応づけを理解していく。積み木を積む、入れ物の中に物を入れる、などの動作と同じように、物と物とを関連づけて扱う「定位操作」の能力だ。

だから、子どものなぐり描きは、紙の上に何かを表現しているというより、身体的な探索の痕跡だといわれる。紙の上には、自分の動きがそのまま描線となって残る。そのフィードバックを確かめながら、いろいろな動きを試すうちに、描線のレパートリーが増えてくる。

腕を肩からふり下ろして打ちつける点々は、容赦なくペン先をつぶす激しさだ。それが、少しずつ力や動きをコントロールできるようになるにつれて、描線も安定してくる。ひじを軸にして描く扇形の往復線は、勢いのあまり画用紙からはみ出すこともしばしばだが、肩とひじを連動させて、ぐるぐるとうずまきを描くころには、力の制御がかなりできるようになっている。画用紙全体にぎりぎり収まるような大きなうずまきを描くには、息をこらしてかなり慎重な力のコントロールが必要だ。

さらに手首や指を連動させて、より細かなコントロールができるようになると、始点と終点がはっきりとした線や、閉じた円を描けるようになる。そしてちょうどそのころ、身体的な探索の痕跡としての描線から、具体的なモノの形(表象)を生み出すようになる。個人差はあるが、この表象画の発生が、おおむね3歳ごろのことである。

では、チンパンジーの絵は、どの時期のヒトの子どもに近いのだろう。

チンパンジーに絵筆

2005年、東京藝術大学の大学院生だったわたしは、京都大学霊長類研究所(霊長研)の共同利用研究制度を利用して、チンパンジーの絵の研究をはじめることにした。霊長研の林美里さんと松沢哲郎先生、そして当時5歳の子どものチンパンジー2人(アユム、パル)と、おとなのチンパンジー4人(アイ、アキラ、パン、ポポ)が研究の協力者だ。

チンパンジーの絵の研究をしているというと、怪訝な顔をされることが多い。チンパンジーが絵を描くなんてSFみたいだといわれたこともある。たしかに、紙に筆記具を対応づけて描く、といった定位操作をするには高度な知性が必要で、霊長類のなかでも、絵筆を持って描くことができるのは、チンパンジー、ゴリラ、オランウータンなどの大型類人猿と、オマキザルの仲間などにかぎられる。

それに、彼らに筆記具を渡せばすぐに描けるというわけでもない。ヒトの子どもがはじめておえかきをするときと同じように、筆記具をふりまわしているうちに、紙と筆記具との対応づけを理解し、少しずつ描線を残せるようになる。

はじめて手にしたペンや絵具が真っ先に口のなかに運ばれる運命にあるのも同じだ。そのため、幼児用の食用染料のペンを使ったり、唐辛子やその辛味成分であるカプサイシンを溶いて、チンパンジー専用激辛絵具をつくったりもした。効果は半々で、その辛さにぶるっと首をふって口に入れるのをやめてくれたチンパンジーもいたが、やせ我慢をしてなめ続けたチンパンジーもいた。もっともその一番の犠牲者は、チンパンジーの安全のために、味見をして涙を流しながら激辛絵具を調合した人間たちだったと思う。

表象は描かない

さて、ようやく画用紙に向かったチンパンジーの筆先は、何を描き出すのか。

当時5歳の子どものチンパンジー、アユムとパルは、あまり落ち着きがなく、気分が乗れば一気に描くこともあるが、気が散ると、ぷいと立ち上がって歩き回ってしまう。そのふたりが描く絵は、ヒトの1歳児のなぐり描きとよく似ていた。もっともヒトより少しばかりやんちゃで力が強いので、ペンの1、2本はすぐにつぶしてしまう。偶発的なひっかいたような線がやっと描かれるときもあれば、点ばかり、往復線ばかりのときもある。うずまきのようなものが生まれることもあったが、基本的には、気まぐれな動きから、気まぐれな描線が生み出されるような感じだ(図2-1)。

一方で、おとなのチンパンジーたちはもう少し落ち着いて、しっかり腰を据えて描く(図2-2)。しかも描かれた絵にはそれぞれ個性があって、絵を見ただけで誰が描いたかがわかるほどだ。それまでに多少の描画経験もあり、筆記具の扱いにも慣れているせいか、描線のコントロールが安定していて、それぞれの筆の運び方に特徴がある。

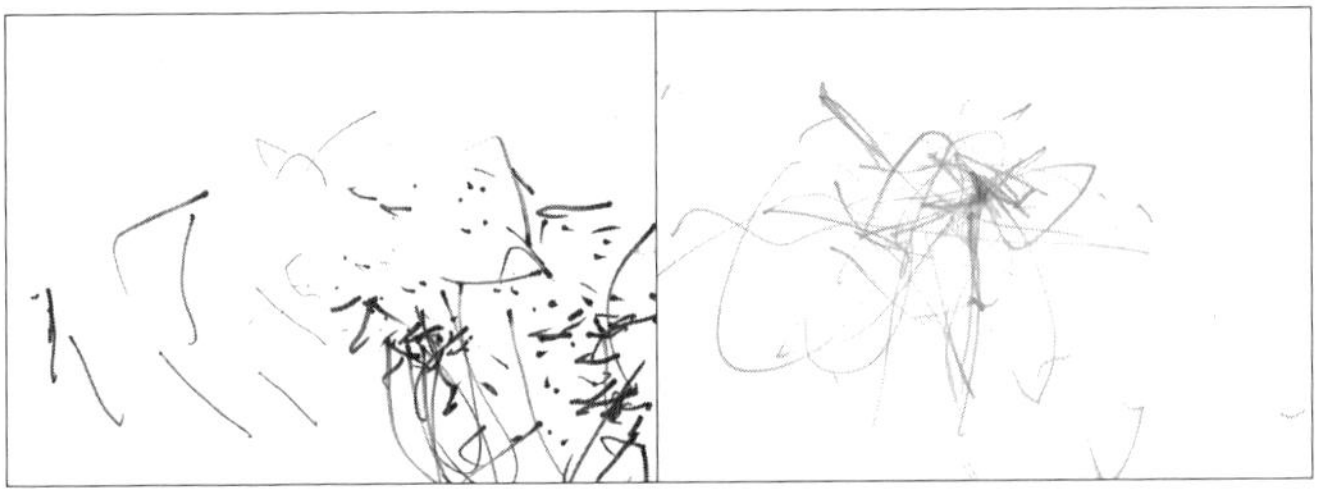

図 2-1　当時 5 歳の子どものチンパンジー，アユム(左)とパル(右)の絵．おとなの絵(カラー口絵 1・2)に比べると，偶発的な線が多い(齋藤，2010)

図 2-2　アイの描画風景(撮影：野上悦子)

たとえば、カラー口絵1はアイの絵だ。松沢先生が画用紙の上に7色のサインペンを広げると、そこから1本選びとり、自分でキャップをはずして描く。ひとしきり描くと、キャップをはめてペンを返してくれる。先生が残りの6本のペンを画用紙の上に広げると、次の色を選んで同じように描く。それを繰り返して描きあげた。

次にカラー口絵2の4枚の絵をご覧いただきたい。この中にも、アイが描いた絵が1枚あるのだが、それはどれかわかるだろうか。

お察しのとおり、(d)が正解だ。これまで講演などでたくさんの人にこのクイズを出してきたが、その正答率は、ほぼ100%だ。のびやかな曲線をさらさらと描き、画面全体を埋め尽くすのがアイの画風で、それぞれの色が重なりすぎず、交じり合う。対照的にパンは、親指を細かく動かして短い描線を丁寧に並べるように描く(a)。水色は水色、ピンクはピンク、と色ごとに塗り分けるのは、ペンを使うときも水彩で筆を使うときも一緒だ。ポポは、迷いなく往復線を力強く描き、色が重なって黒っぽくなってもまるで気にしない(b)。オスのアキラは、点と線の軽やかな組み合わせが特徴だが、描くときの姿勢も個性的だ。はじめのうちは椅子がわりのスノコにきちんとお尻をつけて座る。ところが、描いているうちにだんだんと前のめりになり、しまいには画用紙から数センチメートルのところまで顔を寄せて、お尻が浮き上がってしまうのだ。姿勢だけは、制作に没頭する版画家の棟方志功をほうふつとさせる。しかしアキラが没頭していたのは、ペン先を口に一瞬だけくわえて持ち直すときに、こっそり食用染料インクを味わうことの方だったらしい。やけに熱心にペンを持ち直しながら描いた(c)。

アキラのひそかな楽しみはともかく、子どものチンパンジーの絵が、「身体的な探索の痕跡としてのなぐり描き」であるのに対して、それぞれの画風で描線をコントロールしながら描くおとなのチンパンジーの絵は、もう少し「視覚的な表現」といっていいように思える。ただしそこで表現されるのは、リンゴや顔といった、具体的なモノの形(表象)ではない。それはなぜだろうか。

チンパンジーなどの大型類人猿に絵筆を渡す試みは、その認知科学的な研究の黎明期からある。デズモンド・モリスが独自の研究も加えて、『美術の生物学』にまとめている。最初の記述は、1930年代にアメリカのケロッグ夫妻やロシアのナディー・コーツが、それぞれヒトの子どもとチンパンジーを一緒に育てながら、発達過程をさまざまな観点から比較した、一連の観察の記録のなかにある。なぐり描きにはさまざまなバリエーションが出てくるが、ヒトの子どもと違って、まねをしないし、やはり表象を描くようにはならなかった。

また最初の実験研究は、1951年に発表された論文で、アメリカのポール・シラーが、アルファというチンパンジーでおこなった研究だ。アルファに白紙ではなく幾何学図形の上に描かせると、やみくもになぐり描きをするだけでなく、図形の大きさや配置によって、しるしをつけたり、空白部分を選んで描いたりすることもあった。

しかし、古今東西のさまざまな試みのなかでも、大型類人猿がこれまでにはっきりとした表象を描いた例は一つもない。

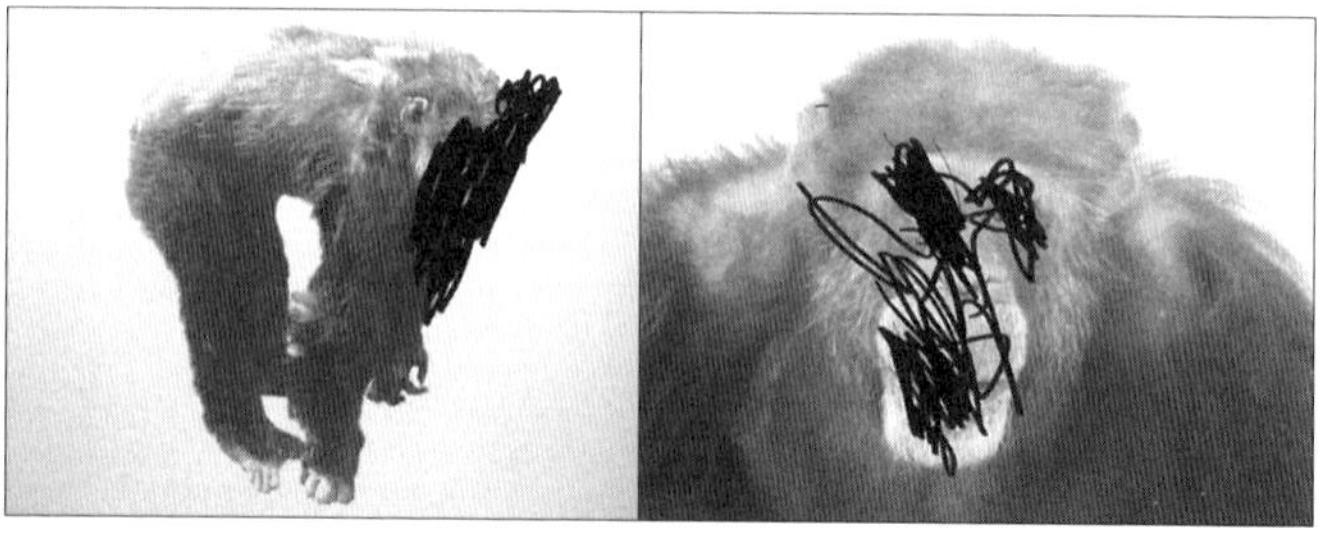

図 2-3　チンパンジーのポポは，チンパンジーの全身写真に対して顔の部分をぬりつぶし(左)，顔写真に対しては目や口の部位をぬりつぶした(右)(齋藤，2010)

シンボルを学習し、描かれた表象を理解するチンパンジー

そんなのあたりまえだ、チンパンジーには描かれた表象が理解できないからだと思われるかもしれない。たしかに、多くの動物にとっては、描かれた表象は意味のない模様としてしか見えていないらしい。

しかし、アイに絵本とペンを渡すと、ヒトの子と同じように、その挿絵部分にらくがきをする。松沢先生の研究では、各ページの挿絵のなかでも、とくに目立つ部分や登場人物、動物を選んでしるしをつけるように描いた。イヌにはしるしづけるけれど、ネコは避けるといった選好傾向もあったそうだ。

わたしたちも予備実験として、チンパンジーの写真の上に描いてもらった。すると、ポポがこんな反応をした。全身像の写真だと、顔の部分をぬりつぶし、顔写真にすると、両目と口をぬりつぶしたのだ(図2-3)。写真の

図 2-4　アイが見分けた線画．それぞれ対応したアルファベットを選ぶことができた(Itakura, 1994)

チンパンジーの顔や目、口といった要素を認識しているからだろう。

また、アイが似顔絵を見て、その顔がだれかを見分けたという板倉昭二さんの研究もある。アイに、知っているヒトやチンパンジーの写真を見せて、個々に対応したアルファベットを選ぶように学習させておく。レイコなら「L」、ペンデーサなら「P」といった具合だ。そうやって写真と名前のアルファベットの対応を十分に学習したあと、今度は写真の代わりに線画を見せる。するとそれがはじめて見た線画でも、誰の絵かきちんと答えられたのだ(図2-4)。

さらには、チンパンジーたちは、それが意味するモノの形に似ていない、

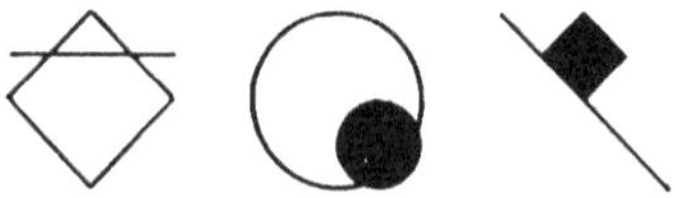

図 2-5　左から，「赤」「青」「黄」を表す図形文字

恣意的なシンボルでさえ、習得することができる。たとえばアイは数字や漢字、図形文字をいくつか習得した。画面に赤色の四角が出たら、漢字の選択肢のなかから「赤」の文字を選ぶことができる。あるいは、幾何学図形を構成してつくられた図形文字のなかから赤色に該当する図形文字を選ぶこともできる(図2-5)。数字は1から9までその順番を知っていて、画面上に散らばった数字を小さい順に選んでいくことができる。そして、赤い鉛筆が3本あるのを見て、「赤」「鉛筆」「3」というシンボルを組み合わせて選ぶこともできる。

大型類人猿は、ある程度ヒトの話し言葉も覚えて理解することはできるが、喉頭の構造の違いで言葉を発声することはできない。しかし、子どものころからトレーニングを積めば、手話や図形文字などの覚えたシンボルを使って、ある程度自分の意志を表現したり、人の質問に答えたりできるようになる。

そうやって手話を習得した大型類人猿たちが、絵を描くときに、タイトルをつけることもある。たとえば、アメリカのモジャというチンパンジーは、「これは何?」と聞かれて、手話で「Bird」と名づけた。大型類人猿のなかで最初に手話を習得したチンパンジーのワシューも、描いた絵に手話でタイトルをつけている(図2-6)。サンフランシスコ郊外に暮らしているゴリラのココがつけるタイトルは、「Love」といった抽象的な言葉のこともある。

しかし、描かれているものはなぐり描きの範ちゅうにとどまっていて、客観的に見て何が描かれているかがわかる、表象画とはいいがたい。

チンパンジーはなぜ表象を描かないのか

描かれた表象を見わけることができる。恣意的なシンボルをある程度理解し、扱うこともできる。そして画風があるほどに描線をコントロールして描ける。そんなチンパンジーたちが、表象を描かず、いわば抽象表現主義をつらぬいているのはなぜだろう。

チンパンジーがなぜ表象を描かないのか、という問いから、ヒトはなぜ描くのか、のヒントを探ることにした。考えられる要因は大きく分けて三つ。一つめは筆記具を扱って描線を細かくコントロールできないという運動調整能力の問題、二つめは表象の表出にかかわる認知的な問題、三つめが単に描こうと思わないだけという意欲の問題だ。

図 2-6　チンパンジー・ワシューが描き，手話で「Red Berry」と名づけた絵．アイと松沢先生に贈られた(松沢，2011．提供：デボラ&ロジャー・ファウツ)

かつてアメリカの心理学者プレマックは、この問題を検証するために、次のような実験をした。チンパンジーの顔写真から目、鼻、口などのパーツを切り取る。パーツが切り取られたのっぺらぼうの顔写真の上に「切り取ったパーツを再び並べてごらん」という課題だ。この福笑いのような方法なら、チンパンジーが筆記具を扱えなくても、「顔」という表象を構成できるかもしれない。実験の結果、対象の4人のうち3人のチンパンジーはパーツをランダムに置いたり、横に並べたり、積み上げたりするだけで、顔をつくれなかった。しかし、サラというチンパンジーだけは、目、目、鼻、口、とほぼ顔らしい配置に並べることができた。

サラは、言葉のかわりにプラスチック片を用いたサイン言語を学習したチンパンジーだ。彼女だけが顔を構成できたことは、言語の習得との関連から興味深い。ただ、すでにそこにあるパーツを正しい配置で並べることによる「再現」と、みずからペンで顔を描く「表現」とは、同一とはいいがたい。

それに加えて、霊長研のおとなのチンパンジーたちが、それぞれ画風があるほどに描線をコントロールする様子を見ていると、表象を描かないのが単に運動調整能力の問題だとは思えなかった。そこで、前述の三つの問題をはじめから検証することにした。

過去におこなわれてきたチンパンジーの描画研究では、せいぜい4、5歳ぐらいまでの子どものチンパンジーが対象となっていることが多い。筆記具や画用紙を決まったタイミングで手渡したり、描いてもらった画用紙がぐちゃぐちゃにならないうちに回収したり、一定の手続きで実験をするには、ヒトがチンパンジーと同じ部屋に入って実験を進める必要がある。ところが、とくに力の強いおとなのチンパンジーと同室することは、よほどの信頼関係がないかぎりむずかしいからだ。

しかし今回、わたしたちはおとなのチンパンジーにも協力してもらうことができる。アイをはじめとするチンパンジーたちと、約30年来の信頼関係を築いてこられた松沢先生が同室して実験できるからだ（図2-7）。

図2-7　同じ部屋で対面して実験をする松沢先生（右）とアキラ（左）．模倣課題でお手本を示しているところ

チンパンジーの筆さばき

まずは、描線をコントロールする運動調整能力を調べてみることにした。ヒト用の発達検査にも描画課題があり、よく使われるのが模倣課題だ。横線、縦線、円、十字、正方形などの単純な図形を模倣して描く。図形ごとにその難易度が異なるため、発達の指標に使われる。

目の前で検査者がお手本として形を描いて見せてから、「同じに描けるかな」といってペンを渡し、同じ紙に描いてもらう。ヒトの子どもに協力してもらってデータをとると、平均して約2歳4カ月で横線の模倣ができるようになった。その後、縦線が2歳6カ月、円が2歳11カ月、十字が3歳5カ月、正方形が4歳といった具合に、成功する年齢が上がっていく。横線と縦線を描けても、その二つを交差させる十字になると、格段にむずかしくなる。

一方のチンパンジーの方は、残念ながらはっきりと模倣をして形を描くことはなかった。かといって、ただやみくもに描いていたわけではない。1枚めは白紙に自由に描いてもらっていたが、お手本を示すと、自発的に描き方を変えたのだ。

描き方がどう変わったのか。そのパターンを比較するために、模倣して形が描けるようになる前のヒトの描き方を、発達順に追ってみることにした。

ヒトの1歳前後では、まだ無関係になぐり描きをする子もいたが、1歳半ばごろになると、お手本の図形にしるしづけをする行動が出てきた。描かれたお手本に注意を向けて、ここに何か描いてあるよ、というように、図形の一部に自分のなぐり描きを方向づける。逆に描かれた部分を避けて余白の部分になぐり描きをすることもあった。次に、1歳後半ごろから、お手本を見たあとになぐり描きの線のパターンを変えるようになった。縦線のお手本を見せると、縦方向の往復線が増えるといった調子で、動作を模倣しているようにも見える。そして2歳半ばから、あきらかに模倣しようとしているのがわかるような独立した形を描くようになった(図2-8左)。

さて、チンパンジーだが、やはりヒトと同じようにお手本の図形にしるしづけをした。子どものチンパンジーは、ほとんどがしるしづけをする。おとなのチンパンジーは、描線を方向づけてしるしづけるだけでなく、ヒトでは第2段階の描線のパターンを変える行動も出てきた。そして、描線をさらに細かくコントロールする能力を示したのが、お手本の線をなぞるという行為だ。自由描画では、細かい縦のタッチで色ごとに塗り分ける画風だったパン。その彼女がいつもよりさらに細かいタッチで正方形の一辺一辺を丁寧にぬりつぶすようにたどった。また普段は往復線を無造作に重ねる画風のポポも、お手本の線の上を細かい往復線でたどったり、ときにすーっと長い線でなぞったりした(図2-8右)。

線の上を線でなぞる。綱渡りをするように描線をコントロールする技術が必要なので、案外難易度が高い。ヒトの子どもで「なぞる」が出てくるのは、おもに横線や縦線の模倣ができるようになる2歳6カ月以降になってからだ。つまりチンパンジーの運動調整能力は、模倣をして縦線や横線を描きはじめるようになるころの子どもに劣らないということがわかった。

チンパンジーでも、あわや模倣かと思うようなケースもあった。パンに横線のお手本を見せたときのことだ。はじめは、いつもどおりの細かい縦のタッチでお手本の線にチェックを入れるように描いていたが、お手本の線を少し離れたかと思うと、ふいに余白部分にすーっ

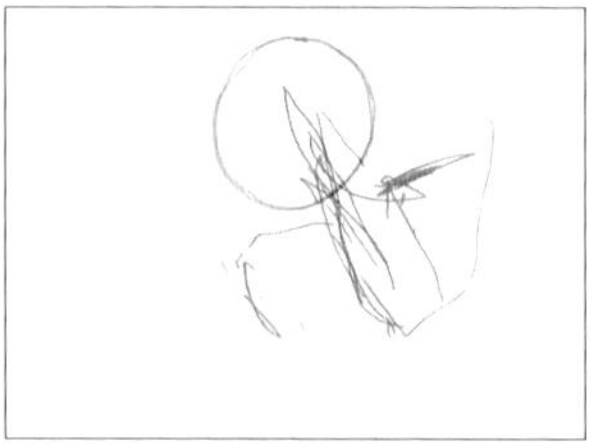

ヒト・1歳4カ月

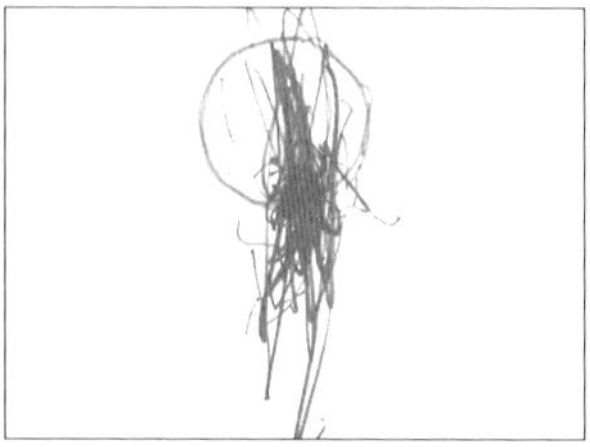

チンパンジー・パル

ヒト・1歳8カ月

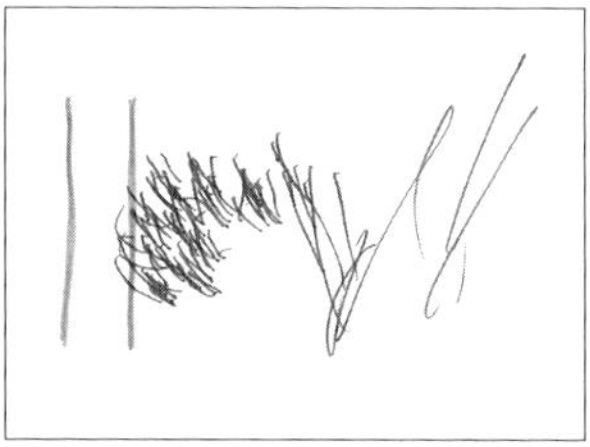

チンパンジー・パン

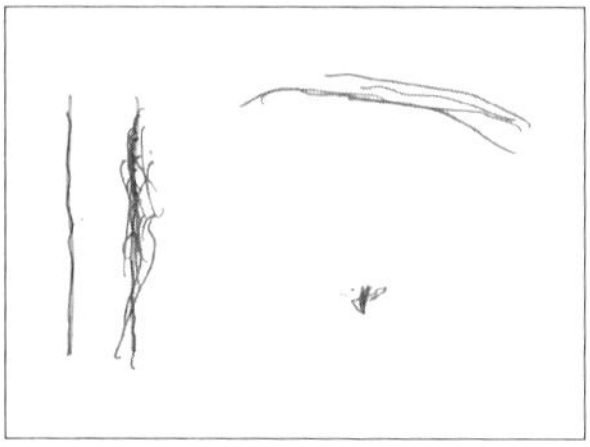

ヒト・2歳9カ月

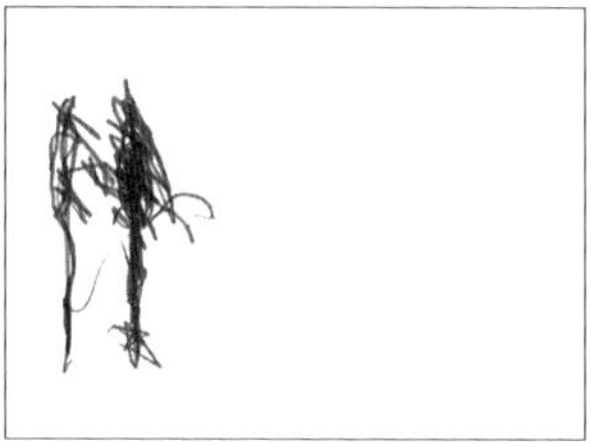

チンパンジー・ポポ

図2-8　模倣課題の共通する反応例．上2図の円と下4図の縦の平行線がお手本．ヒトは，お手本の図形にしるしづける(左)．似た線を描いたあと，模倣を試み，技術がともなってから形を描くようになった．チンパンジーは，模倣して形を描くことはなかったが，線をなぞった(右)(Saito, Hayashi, Takeshita & Matsuzawa, in submission)

と長い横線を描いた。その後、またあたりまえのように、自分で描いた長い横線の上にいつもの細かい縦線を重ねた(図2-9)。ただ、発達検査の成功基準には少し満たないし、ヒトの子どもが模倣をするときのように、たどたどしい線でようやく形を描くのとはだいぶ様子が違った。

模倣課題を用いておきながら、この実験では、チンパンジーが模倣して描かないというのが、おもな結果ではない。チンパンジーにもヒトの子ども同様に「同じに描けるかな」といってはいるが、おそらくその意図は伝わっていないからだ。

アメリカのイバー・イバーセンと松沢先生は、アイたちチンパンジーに、タッチパネル上の線の上を指で「なぞる」ことを学習させた。また、かなりのトレーニングの果てに、という限定つきではあったらしいが、傾いた線分の隣に始点を置いて、指で平行な線を引く学習にも成功した。

だから、チンパンジーに「同じに描く」ことが正解だということを伝える方法をうまく考えれば、同じ形を描くことを学習させることは不可能ではないのかもしれない。しかし、わたしたちがここで知りたいのは、創造する行為としての「描く」の起源だ。正解のある

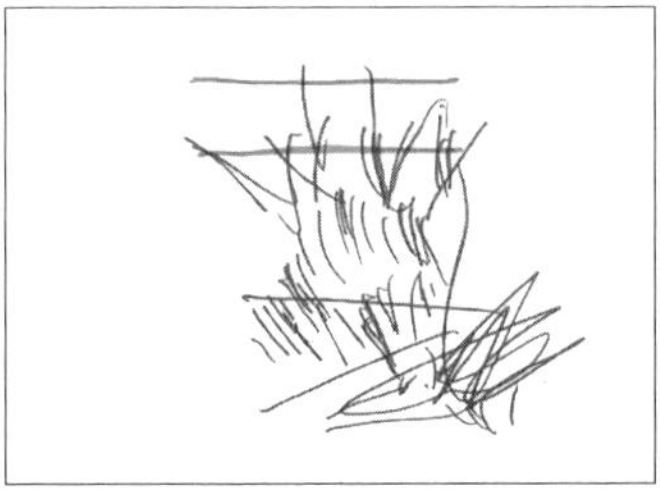

図2-9　あわや模倣？　というチンパンジー・パンの絵．お手本の横線(上の2本)に短い縦線を重ねていたパンが，ふいに長い横線(中央下寄り)を描いた

課題にして描き方を強制してしまうのでなく、彼らの自発的な行為としての「描く」を引き出したい。そしてこの実験で調べたかったのは、チンパンジーが描線をコントロールする運動調整能力であり、わかったのは、それが模倣をして形を描きはじめる年齢のヒト並みにある、ということだ。

画竜点睛をかく

認知心理学の研究では、与えられた選択肢から答えを選ぶ課題を使うことが多い。それに対して、ここでおこなっている模倣課題は、選択肢のない課題だ。ただ、それでも既存の発達検査のものを応用したので、正解はあった。この実験では正解かどうかだけを見たかったわけではないので、どう描いてもほめるようにしていた。しかし、正解でないことはだれよりも子ども自身がわかっている。泣きそうな顔で「さんかくはむずかしい」といわれると、申し訳ない気分になった。

描くことは、本来「できる／できない」ではない。だから、なるべく描く側には制約を設けずに自由に描いてもらって、なおかつそれを分析できる形が理想だ。そこで、あらかじめ描いておいた図形(刺激図形)の上に、好きなように描いてもらう方法を使うことにした。図形をどう利用してもいいし、図形を避けて好きな絵を描いてもいい。この方法なら、ヒトとチンパンジーでの条件も、より平等になるはずだ。

用意したのは、図2-10のような図形だ。自発的に細かく描線をコントロールして描くチンパンジーに、このような目がない顔の絵を見せたら、描線をコントロールして、「ない」目を補って描くだろうか。

まずヒトの場合。2歳半から3歳以降の子どもだと、この絵を見るなり、「あれ？ おめめ、ない」などといって、その「ない」右目を描き入れる。左目が欠けていれば左目を、輪郭だけの顔の中には目や口を描き入れる。まだ丸がうまく描けない子でさえ、形も数も不明瞭なパーツを描き入れて、「おめめかいた」と満足そうにいったりする。

図2-10　補完課題の刺激図形．他にも左目がない顔，両目がない顔，輪郭のみの顔などのパターンを用意した

それに対して、チンパンジーが「ない」目を補って顔を完成させることはなかった。そのかわりに彼らは、描かれた顔全体をぬりつぶしたり、描いて「ある」方の目だけにしるしづけをしたりした。なかには顔の輪郭部分の毛を1本1本丁寧になぞったチンパンジーまでいた。それでも、「ない」部位を補うことは、だれひとり、一度としてなかったのだ(図2-11)。

ヒトの反応をさらにくわしく見てみると、「ない」部位を補うより前に、チンパンジーと同じように、顔全体にしるしづけをしたり、描かれて「ある」方の目だけにしるしづけをしたりする時期があることがわかった。ま

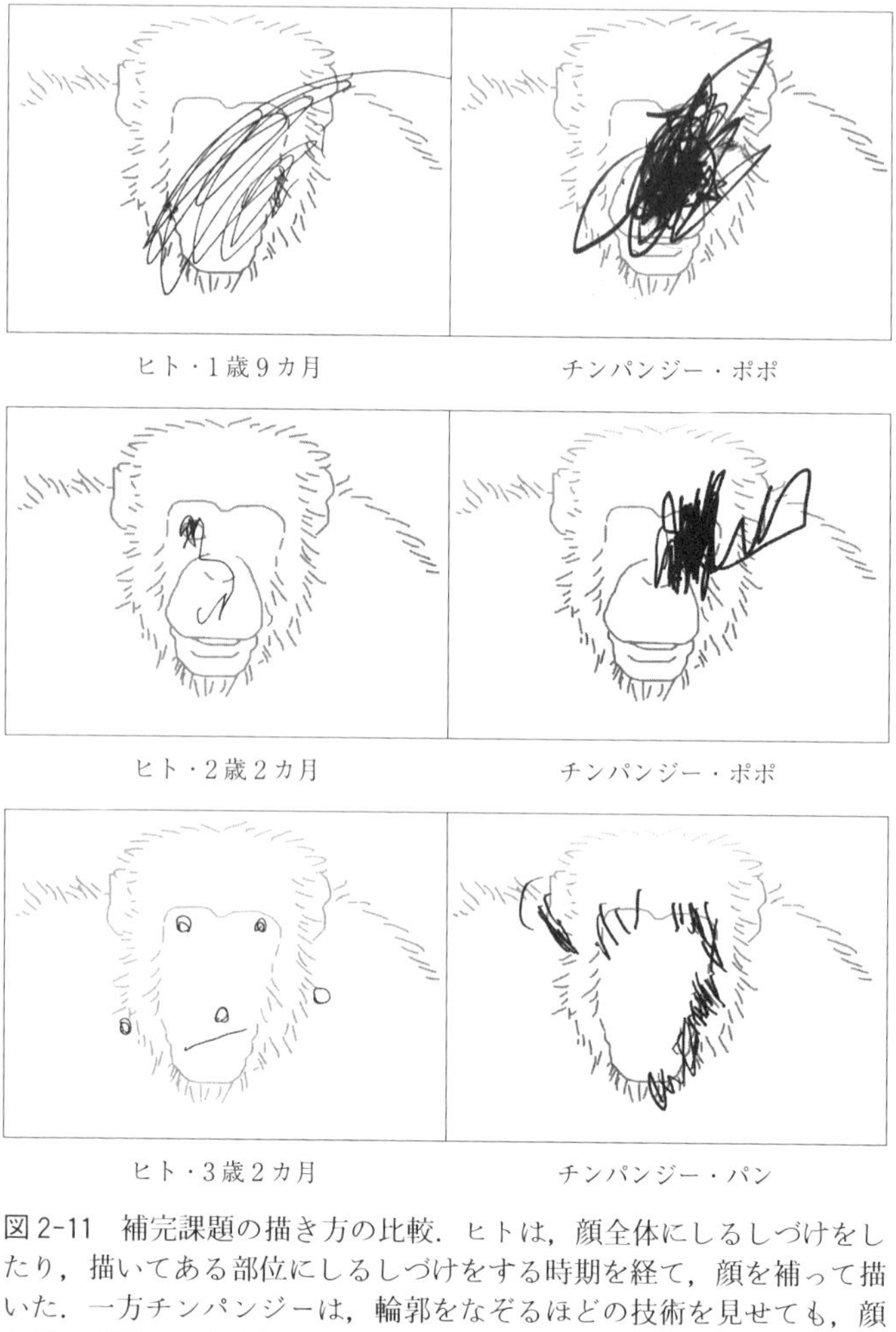

図2-11　補完課題の描き方の比較．ヒトは，顔全体にしるしづけをしたり，描いてある部位にしるしづけをする時期を経て，顔を補って描いた．一方チンパンジーは，輪郭をなぞるほどの技術を見せても，顔を補って描くことはなかった

図2-12　ヒトの場合「あ，おめめない」と認識すると，不完全でも顔のパーツを描きこもうとする(混沌顔，2歳5カ月)

た描きはじめる前に、「おめめ、ない」などと、「ない」ことについて言及した子のうち、半数以上は「ない」部位を補い、3割弱は、目と目がつながっていたり、縦に並んでいたりなどの、不完全なパーツを描き入れていた(図2-12)。

つまりヒトの場合は、描かれた部位にしるしづける行為が、運動調整能力の発達とともに、顔全体から目や口などの部位に収束する。そして部位が「ない」ことを認識したら、不完全でも足り「ない」部位を補おうとする。

一方、チンパンジーの筆先は、多くの場合、描かれて「ある」部分に向かう。顔全体にしるしづける、描かれた顔の部位にしるしづける、線をなぞる、というように、運動調整能力が発達しているチンパンジーほど細かい部分に方向づける傾向があった。

もっともアイだけは少し違っていた。描かれて「ある」部位の上から描きはじめたり、軽くしるしづけをしたりすることはあったが、そのあとはいつものくねくねした曲線を余白に展開した。ここでもマイペースにいつもの画風を一貫させていたのだ。

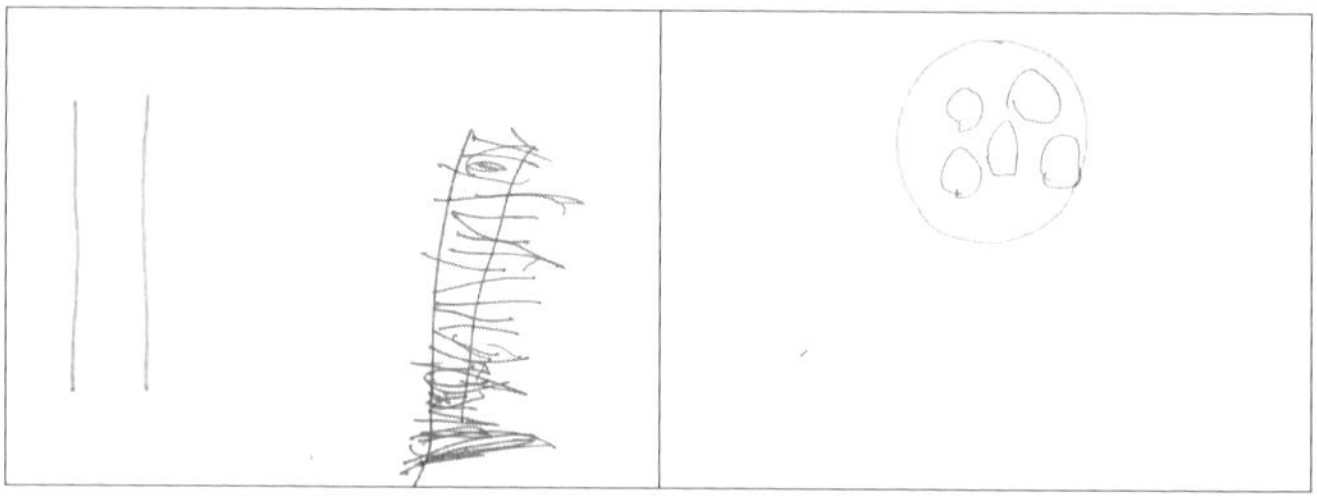

ヒト・2歳5カ月「線路」　　ヒト・2歳8カ月「アンパンマン」

図2-13　模倣課題のときに，お手本の図形や模倣した形を利用して「はじめての表象」が現れた例．事前の白紙の上ではなぐり描きをしていた

あいまいな形に具体的なモノのイメージを見立てて描く

約3年間にわたって定期的に、33名のお子さんたちに、自由描画と模倣課題の縦断観察に協力してもらった。その観察のなかでの「はじめての表象」を集めてみた。するとその半数近くが、実は模倣課題のなかに現れていた。1枚目の白紙にはなぐり描きをしていたにもかかわらず、模倣課題のなかで、お手本の形を利用したり、自分が模倣して描いた形を利用して、最初の表象を描いていたのだ(図2-13)。

たとえば、最も簡単な表象は線路だ。横線の模倣課題では、平行な2本の横線をひいてみせる。するとそこに短い縦線を何本か交差させて、「せんろ」と得意げにいう。次に2本の縦線を描いてみせると、短い横線を交差させてやっぱり「せんろ」になる。お手本の円を描きはじめると、「アンパンマンかな」などと目を輝かせて見

つめ、ペンを渡すと円のなかに小さな円などで顔のパーツを描き入れることもしばしばだ。どうやら、なぐり描きから移行していく時期の子どもにとって、何もない白紙の上に描くよりも、先に何か描いてあった方がそこにイメージが浮かんで描きやすいらしい。しかもそれは顔の輪郭のような具体的なものでなくても、ただの線分や円で十分なのだ。

あらためて考えてみれば、わたしたちは表象を描くとき、紙の上の描線をさまざまなモノに見立てている。その見立ての力は強力で、ほんのちょっとした特徴をつかんで、今ここにないモノをイメージする。表象を描きはじめたばかりのころから、その見立てる力が発揮されているようだ。それはつまり、この視覚的なイメージの生成、すなわち想像力こそが、描くことの起源に関わっているのではないか。

洞窟壁画につながる

こうした結果が見えてきたころ、スペインとフランスの洞窟壁画を訪れるチャンスに恵まれた。そこで目にしたのは、プロローグでも触れたように、壁面の凹凸や亀裂を利用した絵の数々だった。

どこの洞窟でも、あたりまえのようにそうした絵は見つけられたが、最もわかりやすく、効果的に使われていたのが、アルタミラ洞窟の天井画だ。岩の膨らみ一つひとつにバイソンが描かれていて、黒い輪郭線の一部が亀裂に重なっているものも多い(3ページ図0-1)。

赤で彩色された立体的なバイソンたちが、群れを成して頭の上に迫るのは、圧巻の光景だ。また別の場所には、垂れ下がるように突き出した岩を、顔の輪郭に見立てて目を描いた「仮面」とよばれるものもあった。つまり、あいまいな形にモノのイメージを見立てて補うヒトの特性は、旧石器時代の洞窟壁画にもすでに現れていたのだ。

洞窟のなかで懐中電灯の光を斜めからあてると、岩肌に描かれた動物たちの絵に影ができ、立体的に浮かびあがって見えた。完全な暗闇のなか、獣脂のランプや松明の灯りなどの揺らぐ光に照らされれば、動物たちの動きまで浮かびあがったかもしれない。

おそらく、絵を描くという行為を開花させた現代人ならではの認知的な基盤の一つは、手がかりにイメージを想起して、それに足り「ない」ものを補うことだったのではないか。次々と照らしだされる動物たちの姿に、そんな答えが見えてきた。

3 「ない」ものをイメージする力

石器製作や狩猟技術で磨かれた「イメージする力」

今ここに「ない」ものをイメージして、補う——想像する力をヒトはなぜ身につけたのだろうか。

狩猟技術の発達が関連しているという説がある。行き当たりばったりに獲物を狩るのではなく、獲物の行方を追跡したり、待ち伏せしたりするには、動物の足跡を読むような簡単な推論が必要だ。ネアンデルタール人などの人類も、そのような推論をおこなっていたと考えられているが、後期旧石器時代（約4万2千～1万3千年前）のクロマニョン人たちは、特定の動物に狙いをさだめた、より計画的な狩りをおこなうようになっていた。獲物の移動経路や行動習性を理解し、地面などに残されたわずかな手がかりから、見えない獲物の動きを読む。そのなかで「ない」ものをイメージする力が磨かれたという説である。

また後期旧石器時代の人びとは、石器製作の名手でもあった。複雑な工程によって、一つの石片からいくつかの機能別の石器をつくり出した。そうやって石器をつくるには、完成形のイメージを頭に保持しながら石を砕き、理想の形状に近づけていく必要がある。そこでイメージの力が磨かれたという説もある。描いた壁画とともに洞窟から発掘されたたくさんの石器は、まさに「用の美」といった趣で、均整のとれたなめらかなフォルムはまるで美術工芸品のようだ。

ただし、そうやって狩猟や石器製作のときに頭に抱くイメージと、岩の凹凸にバイソンの姿を見立てるイメージとでは、異なる点がある。それは、前者がその場所（モノ）の過去や未来のイメージであるのに対して、後者は、その場所（モノ）の過去や未来とはまったく関係のない、別のモノを見立てているという点だ。

言語の獲得とイメージ

イメージの想起には、言語などのシンボルを扱う機能が関連しているとも考えられている。岩の凹凸にバイソンの姿を想像するということは、その岩の凹凸の特徴から「バイソン」の形に似た特徴を抽出し、判断することだからだ。想像することは、「何か」として見ることであり、一次的な視覚情報を知っているモノにカテゴリー化し、頭の中でそのシンボルに置き換えることだ。

そもそも、わたしたちが普段モノを見るときのしくみをみてみよう。あるモノ（刺激）を見たとき、網膜に届いた光の情報は、まず後頭葉にある第一次視覚野(V1)に到達する(図3-1)。このV1には刺激の傾きや色に反応する神経細胞があり、その情報は、おもに二つの経路によってより高次の処理がなされる。側頭葉下部へ至る腹側経路は、what 経路ともよばれ、モノが何であるかの情報処理(物体弁別)に関わる。一方、頭頂葉へ至る背側経路は where 経路ともよばれ、動きや空間に関わる情報の処理がおこなわれる。物に視線を向けたり、物をつかんだりするときに活用される視覚情報だ。

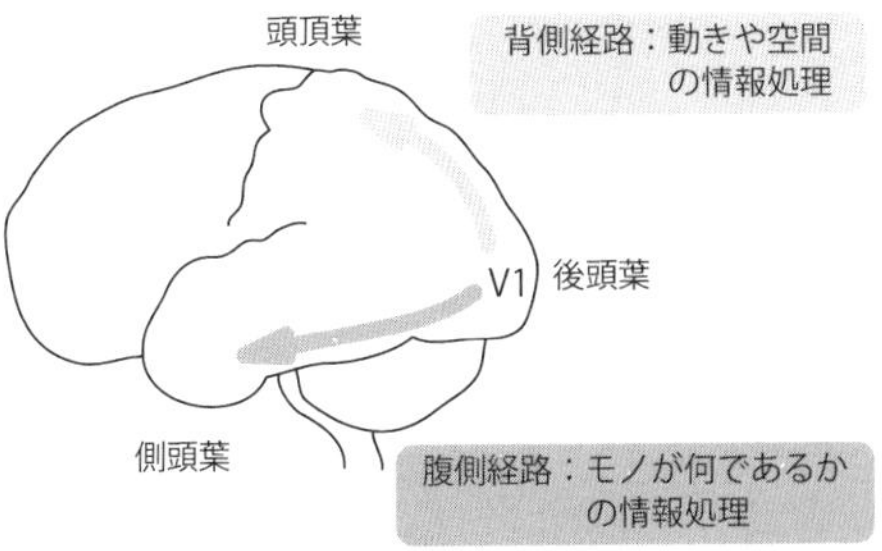

図 3-1　脳の視覚認知における２つの経路

モノが「何か」を認識することに関わる腹側経路では、V1のあとに通るV2とV4という二つの領域に、特定の曲率と向きをもった曲線、角度、同心円状のパターン、十字型、曲線の組み合わせなどに反応する細胞がある。さらにそのあとに向かう下側頭皮質(IT野)には、より複雑な図形に反応する細胞や、形、テクスチャー、色の組み合わせに反応する細胞がある。こうして低次の情報からより高次の情報に段階的に処理されるしくみだ。これらの情報から特徴を分析して、最終的に「何か」を決定することになる。

ただしヒトの場合、このような感覚入力からはじまるボトムアップ処理だけで「何か」を認識しているのではなく、前

図 3-2　文脈によって同じ絵の見え方が変わる．右端の絵は，上段の顔のなかにあるとメガネをかけたおじさんの顔に，下段の動物の絵のなかにあるとネズミに見えやすい(Bugelski and Alampay, 1961)

頭葉からのトップダウン処理もおこなわれている。トップダウン処理では、そうやってパターン認知した情報が、知っているモノの形(知識表象)としてすでにあるかどうかを長期記憶のなかから検索して、最も似ている知識表象を選択する。つまりそれまでにもっていた知識や記憶と照らし合わせて、「何か」としてカテゴリー化する。

だから、モノが置かれた文脈によって、同じ形のモノでも別の「何か」として認識されることがある。図3-2の右端にある上下二つは同じ絵だ。しかし、上段のようにさまざまな顔の絵のなかにこの図があると、メガネをかけたおじさんに見えやすく、下段のように動物の絵のなかにあると、ネズミに見えやすくなる。

とくに、入力される感覚からの情報が不十分なときには、このトップダウン処理が優位になる。そのときは、知識を使った推論によって、それが

「何か」を知ろうとする。たとえば、図3-3に何が描かれているか、そう簡単にはわからない。「何か」を知ろうとする過程で、頭のなかを検索している感じを実感していただけるのではないだろうか。

そうやって知識や記憶を総動員して、「何か」としてカテゴリー化する。だから壁のしみのようなあいまいな形にも、わたしたちはさまざまな「何か」を見る。月でウサギが餅つきをしているのも、おねしょのしみが日本地図をつくるのも、星の並びにさまざまな神話が生み出されたのも、この視覚認知の特性に基づいている(図3-4)。だからこそ、鉛筆1本が生み出す線でさまざまなものが表現できるのだろう。

図3-3 カモフラージュされたパターン．画面中央右寄りにダルメシアンが見えてくる(写真家R. C. Jamesによる)

「夕暮れのカラス」「絶望する人」「早春の竹林」――アイの水彩画を整理するときに、わたしが勝手につけていたタイトルだ。チンパンジーの本意ではないだろうが、しばらく見ていると、さまざまなイメージが浮かぶ。そしてタイトルをつけた方が、「何月何日に描いた赤と黄の絵」などというより、あの絵だな、と思いだしやすくて便利だった。

このように、見たモノを頭のなかでカテゴリー化し、シンボルに置き換えておけば、情報として記憶から取

図3-4　奈良の長谷寺で見つけたチンパンジー．ヒトはさまざまな形にモノのイメージを見立てる．表情を使ってコミュニケーションをするヒトは，顔認知に特異性があり，とくに顔のイメージは生成しやすい

り出したり、他者に伝えたりすることが容易になる。そうして複雑な思考や効率的なコミュニケーションができるようになったことは、ヒトが文化や技術を発展させる原動力になったはずだ。

このカテゴリー化の基準になるのが、ほかでもない言語だ。だから異なる言語を話すヒトでは、その認識する世界も違うはずだ、と主張するのが、サピア＝ウォーフ仮説（言語相対性仮説）である。言語化とカテゴリー化とがまったく同じとはいい切れないという反論もある。ただ少なくとも、ヒトが言語をもったことと、ヒトが世界をカテゴリー化して見る記号的なモノの見方をするようになったことは深く関連していそうだ。

イギリスの考古学者スティーヴン・ミズンは、壁画をはじめとする後期旧石器時代におこった文化の爆発の原動力を、知能が認知的流動性を得たことによるものだと指摘した。ネアンデルタール人や初期のホモ・サピエンスの脳では、より原始的な一般知能に加えて、集団のなかでの社会生活に特化した社会的知能、狩猟採集に特化した博物学的知能、石器製作などの物づくりに特化した技術的知能の三つがそれぞれ独立に発達していた。その後、芸術や宗教を生み出すようになったホモ・サピエンスに備わったのは、新たな知能ではなく、三つの知能の間に認知的な流動性を得たことだ、という指摘だ。わたしたちは、概念や思考方法、知識を別のことに応用して使うことが得意だ。比喩や類推を好むことも、その証拠として考えると辻褄が合う。そしてこの認知的流動性を生み出したのが、言葉、それも今のわたしたちが使っているような分節化した構成的言語だと指摘されている。

チンパンジーの子どもは、ヒトより記憶力がいい？

ヒトは、言語を獲得したことによって、複雑で効率的な思考やコミュニケーション能力を手に入れた。そしておそらく同時に、想像する力も手に入れた。しかし、進化の過程で新しい能力を獲得することは必ずしも進歩ではない。実は既存の能力の喪失というトレードオフによって成り立っている。イギリスの心理学者ニコラス・ハンフリーが『喪失と獲得』のなかで論じているのは、そのような進化のうらおもてだ。

ハンフリーは、ヒトが言語を手に入れることで失った能力、それは、モノをありのまま写真のように知覚し、記憶する能力であると指摘している。そしてその説に説得力をもたせる現象の一つが、チンパンジーの記憶力だ。

前述のように、アイたち霊長研のチンパンジーたちは、数字の順番を覚えていて、画面上にランダムに散らばった数字を小さい順に触れることを学習している。この課題を使って、

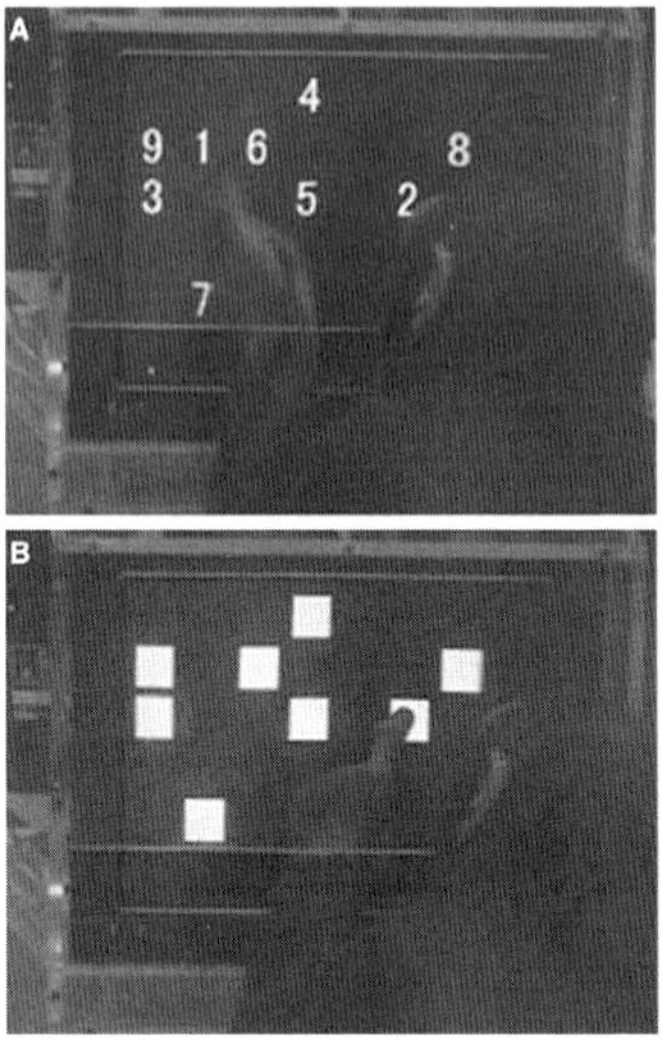

図3-5　数字の記憶課題をするアユム(Inoue & Matsuzawa, 2007). アイのホームページ：http://langint.pri.kyoto-u.ac.jp/ai/ja/publication/SanaInoue/Inoue2007.html

彼らの記憶力を調べた研究がある。井上紗奈さんらの研究だ。一番小さな数字に触れた瞬間に、数字がすべて白い四角に置き換わってしまう。そこで記憶を頼りに、小さい数字があった場所から順に答えていくという課題だ(図3-5)。

このとき、アイの子アユムをはじめ、子どものチンパンジーたちがずば抜けた記憶力を発揮した。数字が消えても迷いなくピッピッピッピ、と小さい順に触っていく。数字が表示されてからスタートの1を押すまでに0・6秒、その短時間に配置を覚えていることになる。これは一見にしかずなので、「アイのホームページ」から、ぜひその映像をごらんいただきたい。比較対象として、京都大学の大学院生などが挑戦しても、到底勝てない速さで、しかも高い正答率なのだ。

彼らがこのような能力をもつのは、数字が散らばった画面を写真のように映像で記憶しているからだと考えられている。直観像記憶や映像記憶とよばれるものだ。ヒトがこの課題を解くときには、数字が消える前にその配置を1、2、3、4、……、と確認しようとする方法が一般的だろう。それはいわば記号化して覚える方法で、その処理の分、時間がかかる。しかし映像記憶なら、カメラのように一瞬で記憶できてしまうというわけだ。

実は、自閉症スペクトラムやアスペルガー症候群の人のなかにも、卓越した記憶力をもつ人びとがいる。映画「レインマン」でも有名になったサヴァン症候群の一つだ。くわしい原因は明らかになっていないが、コミュニケーションが苦手なこと、すなわち言語的な能力に問題があることとの関わりが指摘されている。

わたしたちは言語をもったことによって、目に入るものをつねにカテゴリー化し「何か」として見ようとする記号的な見方をしている。つまり目に入るものをそのまま認識しているつもりでも、無意識に言語のフィルターを通して世界を見ているのだ。

チンパンジーたちのモノの見方

すでに述べたように、チンパンジーは線画に描かれたモノが「何か」を認識することができる。それはすなわち描線を「何か」に見立てていることになるのだから、カテゴリー分けをするような記号的なモノの見方をまったくしないとはいいきれない。とくに、子どものころに何らかのシンボルを学習したチンパンジーが、ほかのチンパンジーより記号的なモノの見方をしていることを示す証拠も少しある。

先に紹介したプレマックの研究で、ただ一人、顔のパーツを並べて福笑いを完成させたサラも、プラスチック片による言語を学習していたことを思い出してほしい(26ページ)。

また、チンパンジーのカテゴリー化能力を調べた田中正之さんの研究もある。まず、7人のチンパンジーに「花」「木」「草」「その他」の四つのカテゴリーに属するモノの写真から、いつも「花」を選ぶことを学習させた。これは、どのチンパンジーもできるようになった。ピンクのサクラでも、黄色いタンポポでも、学習によって同じ「花」とカテゴリー分けができるというわけだ。次に、写真のかわりに写実的な彩色画、色つきのデフォルメされたイラスト、白黒の線画を見せて、そのなかからも「花」を選べるようになるかを調べた。その結果、アイと3人の子どものチンパンジーたちは、どんな表象でも「花」を選ぶことができるようになった。ところが、他の3人のおとなのチンパンジーたちは、偶然の正答率以上に正解できるようにならなかった。

動物が生きていくためには、環境のなかで天敵や食物を見分けなければいけない。そのため多くの動物がこの基本的なカテゴリー化をおこなっている。しかし、チンパンジーは、花のように食物でないものも、ある程度のカテゴリー化ができるようになる。さらに、若くて思考が柔軟なうちか、アイのように、ある時期までに漢字などの視覚的なシンボルを習得した経験がある場合には、さまざまな表象表現を認識し、カテゴリー化ができるようになるということらしい。

前述のように、アイは、色と漢字、図形文字の対応づけを覚えている。青色を見て、色の漢字10個のなかから「青」を選ぶことができる。そんなアイに青緑色のような微妙な色を見せると、アイは何色を選ぶか。この方法でさまざまな微妙な色を見せ、アイが「青」と見ている色の範囲、「緑」と見ている色の範囲、あるいは、質問のたびに答えが変わる不安定な色の範囲を比較すると、ヒトがもっている色のカテゴリーと近くなる。

このとき、色を示す言語をもたない場合はどうか。松野響さんらの研究では、色の漢字を習得していないチンパンジーのペンデーサでもできるように、「見本合わせ」課題をおこなった。青緑色を見せたときに、「同じ色」として青色を選ぶのか、緑色を選ぶのか。

その反応をアイと比較すると、二人とも同じようにカテゴリー分けする色の領域があることがわかった。しかしペンデーサの方が、そのときによって青を選んだり緑を選んだりする、不安定な色の領域が多い。色の漢字を習得したアイの方が、認識している色のカテゴリーがはっきりしているという結果になったのだ。

つまり、チンパンジーたちも言語を習得することで、世界が少しカテゴリー化され、ある程度の記号的な見方をしているのかもしれない。ただ、ヒトのようにすべてをカテゴリー化して、どんなものでも「何か」として見ようとはしない。おそらく、あいまいな形にさまざまなモノの見立てをするような「想像」はしていないのだろう。

木を見て森を見るヒト

このことには、視覚的な情報を全体的にとらえるか、部分を集中して見るかの違いもかかわっているかもしれない。「何か」として見るには、視覚パターンをまとまりのよい部分に分節して、構造化をおこなう必要があるからだ。たとえば図3-3にダルメシアンを見つけるとき、わたしたちは、まだら模様の一部をまとまりとしてとらえるゲシュタルト的な知覚をしている。

イギリスの神経科学者、グッデイルとミルナーによって報告されたD・Fという女性は、事故によって脳を損傷し、モノが何であるかを認知できない視覚失認の症状があった。実物を見ても、線画を見ても何だかわからないし、モノが見えているという自覚もない。それなのに、手を伸ばして物をつかんだり、でこぼこの山道を歩いたりすることはできた。彼女の症状は、背側経路は正常に保たれているが、腹側経路に問題があったためだと考えられている。MRI(磁気共鳴映像法)による所見では、腹側経路のうちLO野という領域に損傷が見つかった。部分をまとまりとしてとらえるゲシュタルト的な知覚にかかわると考えられている領域だ。彼女は、モノの色やテクスチャーなどの細かい部分をとらえることはできたが、それをまとめあげて全体的な構造として把握することができなかった。そのため視覚失認の症状が出たらしい。

ヒトとチンパンジーとを比較すると、ヒトの方が部分をまとめて構造化しようとする傾向が強いということがわかってきている。

たとえば小さな正方形が正方形状に並んでいる図形がいくつも表示されているとする。この中に、小さな正方形が円状に並んでいる図形（全体的な形が違う）がまぎれている場合と、小さな円が正方形状に並んでいる図形（部分的な形が違う）がまぎれている場合、どちらが見つけやすいか。霊長研でおこなわれたジョエル・ファゴーと友永雅己さんの研究では、ヒトは、どんなレイアウトでも全体的な違いを見つける方が得意であるのに対し、チンパンジーはそうではなく、レイアウトによってはむしろ部分的な違いを見つける方が得意であることを示した。

同じく霊長研でおこなわれ最近発表された伊村知子さんたちの研究でも、この特徴が明らかになった。細い隙間の向こう側をイラストがよこぎるのを見せる。その後に、何のイラストだったかを選択肢から答えてもらう実験だ。細い隙間から見えるのはちらっと一瞬だけで、一度にその全貌は見えない。それでもヒトは、垣間見た部分的な特徴から、何のイラストだったかを9割以上の確率で正しく答えることができる。一方、チンパンジーだと、その正答率は5割ぐらいになる。

いわば、ヒトは木を見て森を見る。だから断片的な図形やあいまいな形でも、部分的な特徴をまとまりとしてとらえて、「何か」として見ようとするのだろう。逆に、チンパンジーたちが、線画の部分にしるしをつけたり、線をなぞったりするのは、ヒトより部分に注意をひきつけられる傾向が強いからなのかもしれない。

動作を介した想像力

ただ、チンパンジーも、あるモノを何か別のモノに見立てるという行動がまったくないわけではない。例は少ないが、とくに動作を介する行動でそれが見られる。

たとえば、木の枝を赤ちゃんに見立てて、人形のように抱く行動。野生チンパンジーの子どもが、赤ん坊の世話をする母親チンパンジーのそばで、木の枝を同じように抱いていたという報告がある。

また、松沢先生とクロエの電話ごっこのやりとりがおもしろい。先生がおもちゃの電話で「もしもし」と、電話先のだれかと話しているふりをしてみせる。するとクロエも自分で受話器を持ち、耳にあてる。もちろん音は聞こえず、今度は松沢先生の耳に、受話器をあてる。受話器をあてられた先生は、また「もしもし、はいはい」と会話をしてみせる。こんなやりとりをしたあと、受話器の代わりに、木の棒で同じように電話をするふりをしてみせた。するとクロエは、木の棒を電話の受話器に見立てているかのように、同じように先生の耳にあてたという。

アユムが2歳8カ月のころに、積み木を引きずる「ふり」をした例もある。アユムはいつも複数の積み木を運ぶとき、後ろ向きにゆっくり歩きながら両手で積み木を引きずっていた。それが、ある日積み木を持っているときと同じ手の形にして、いわば「エア積み木」で後ろ向きに歩いていったというエピソードだ。このとき、プレイフェイスという遊びのときの笑い顔を浮かべていたことから、積み木を引きずる「ふり」遊びだったと推察された。

ヒトの子どもの「ふり遊び」も、1歳すぎに、空のコップで飲むまねをするようなことからはじまる。そして2歳になるまでには、積み木を自動車に見立てるような見立て遊びをするようになる。やはり言語が急速に発達する時期だ。

今を生きるチンパンジー

チンパンジーは、今ここに「ない」ものを見るよりも、今ここに「ある」ものをしっかり見ている。だからチンパンジーは、将来を考えて絶望しない。松沢先生が『想像するちから』で紹介しているのは、一度体がマヒして寝たきりになったレオの話だ。研究や飼育に携わる人が交代で看病した。治る見込みもない絶望的な状況にあったにもかかわらず、レオ本人は絶望しなかった。だからこそ、大変な看病を続けられ、6年経った今では、一人で腕を使って歩くことができるぐらい、驚異的に回復してきている。

わたし自身も、同じことを現在の職場、熊本サンクチュアリで実感することになった。熊本に来て間もないころに、末期がんをわずらったチンパンジー、イヨを看取ることになったのだ。口腔内にできたガンは、手術で何度切除しても、急速に成長していった。口が腫れるので、日に日に物が食べられなくなり、目に見えて体も弱っていった。最後は、気の合うチンパンジー仲間と外で過ごす時間を設けたり、スタッフ全員が交代で、おいしいものをゆっくり与えながら、イヨと過ごしたりした。ヒトが好きだったイヨは、まだ新入りだったわたしでも、重そうな体を起こして近づいてきてくれ、背中をくすぐると「はっはっ」と笑ってくれた。その姿にだいぶ救われた。

チンパンジーたちは、今、ここを生きている。かといって、過去や未来がないわけではない。けんかをしたら、仲直りをするまでしばらく気まずそうにしているし、ちょっと痛い目にあった人や物には近づこうとしないか、最初から臨戦態勢でのぞむ。これから外の運動場に出られると思うと、そわそわして動きだす。

しかし、おそらく彼らにとっては、「今」の重みがわたしたちより大きいのだろう。そして、彼らには、わたしたちが見落としているたくさんのものが見えているのだと思う。

記号的な絵と写実的な絵

ところで、サヴァン症候群の話が出て、おやっと思った方もいるかもしれない。サヴァン症候群の人のなかには、芸術家が少なくないからだ。ヘリコプターから見た街の景色をペン書きで精緻に表現するスティーヴン・ウィルシャー、そして放浪の画家として知られる山下清もそうだったといわれる。映像記憶の能力をもっていたと考えられており、旅先で見た景色を後で詳細に思い出して描いたり、ちぎり絵にすることができた。微妙な色合いや独特の構図など、魅力は単に写実的なだけではないが、その精緻な描写力には思わず感嘆符がもれる。

イギリスの発達心理学者ローナ・セルフェによって報告されたナディアという女の子は、やはりサヴァン症候群であり、4、5歳のころから写実的な絵を描いた(図3-6右)。写生をしたわけではなく、一度見た絵本の挿絵を記憶して描くのが得意だった。何度も同じ絵を描き、頭の中でイメージを回転させて描くこともあった。ところが治療によって言語能力が発達していくと、その写実的な絵は影をひそめ、いわゆる子どもらしい絵を描くようになる(図3-6左)。そのため、ナディアが写実的に描けたのは、言語的な能力に不自由があったからこそだとされる。写実的に描くには、「何か」として見る記号的な見方を解体して、形や線の二次元的布置としてとらえる必要があるからである。

いったい言語能力は、描くために必要なものなのか、それとも邪魔なものなのか。これまでに述べてきた話と矛盾しているようにも思えるが、それは、記号的な絵と写実的な絵との違いである。

まず、子どもが描く表象画は、記号的な絵だ。縦線と横線だけで構成できる線路、円だけで構成できる顔。そこに丸い半円の耳をつければクマに、三角の耳をつければネコになる。

図 3-6　ナディアが 5 歳 6 カ月で描いた写実的な絵(右)と訓練によって言語能力が改善された後の 9 歳 6 カ月に描いた記号的な絵(左)(Selfe, 1977)

それだけで十分そのモノらしく見えるのは、わたしたちが描線や単純な形を何かに見立てる記号的な見方をしているからだ。言葉を習得してからのナディアの絵も、まさに記号的な絵になっている。

一方、デッサンや風景の写生のように、モノの形をとらえて写実的に描くのはむずかしい。目ではしっかり見えているはずなのに、そのとおりに描けない。人物をデッサンすると、たいていは頭でっかちになってしまう。写実的に描けるようになるには、かなりのトレーニングが必要だ。古くから画家たちも、さまざまな方法を工夫し、カメラ・オブスクラやカメラ・ルシーダといった光学機器を使ったりしていたケースも少なくないらしい。像をキャンバスに投影させて、正確な形をとらえる装置だ。

写実的に描くのがむずかしいのは、発達的に記号的な絵からスタートすること、そしてわたしたちが世界を知覚する段階ですでに、記号的なモノの見方をしていることが影響しているのだろう。

つまり、まとめるとこういうことではないだろうか。記号的な表象を描くには、自分の描く線にモノの形を見出す記号的な見方が必要だ。一方で、モノを写実的に描くときには、その記号的な見方を一時的に抑制しておいて、見たモノをありのままの形や線の二次元的布置としてとらえる必要がある。この二つの見方をいわば行き来することによってはじめて、見たモノの形を正確にとらえて描くことができるのではないか。デッサンは、手技的な訓練なのだと思われがちだが、むしろ記号的な見方を抑制して、直観的なモノの見方を身につける認知的な訓練でもありそうだ。

では、先史時代の洞窟壁画は記号的な絵か、写実的な絵か。先のハンフリー（45ページ）は、ナディアの絵との共通点をあげ、壁画の写実的な動物の絵は、当時のヒトが世界を直観像的に見ていた証拠であり、彼らは発達した言語をもたなかったのではないかと論じた。つまり、ヒトが言語を獲得したのはもっと後のことであり、そのとき言語を得たこととひきかえに、直観像的な記憶を失ったという主張である。

しかしこれまでに見てきたように、後期旧石器時代のヒトも、岩の凹凸や亀裂に動物の形のイメージを見立てて描いていた。さまざまなシンボルも描かれているし、人物画はとくに記号的に描かれている。それは彼らが言語に裏打ちされた象徴的な思考をおこなっていた証拠といえるだろう。また写実的に描かれている動物たちの絵がほとんど横向きに描かれているということもある(6ページ図1-1)。現代のわたしたちがウマの絵を描くときにもそうであるように、ウマがウマらしく見えるのは、四つ脚と長い顔という典型的な特徴がわかりやすい向き、すなわち記号として描きやすい横向きなのだ。

さかさまに描く子

子どもが描く絵は記号的で、だからこそモノの概念や言語の発達と深く結びついている。それを確信させるような現象にも出会った。

例によって形を真似して描く模倣課題でのことだ。わたしがお手本の円を描いてみせると、3歳の女の子はにっこり微笑んで「アンパンマン」とつぶやいてから、描き出した。まずお手本の円のまんなかに、円を描き入れた。鼻だ。その両脇に小さな二つの円を描いて、ほっぺができた。そして最後に、笑っている口と、目を描き入れた(図3-7)。アンパンマンは画用紙の上でも突出して人気があるキャラクターだ。単純なパーツだけで構成されていて描きやすいこともあるのだろう。しかしこのアンパンマンがすごいのは、それがこの向きのまま、つまりさかさまに描かれたということだ。

こうして向きのあるモノをさかさまや横向きで描いた絵「回転画」に、その後もときどき遭遇した。ふつう、わたしたちおとなが何かをさかさまに描こうと思ったら、少しばかり頭をひねる必要がある。しかし小さな子が、たどたどしい筆さばきで、ひょっこり回転画を描くのだ。

とはいっても、同じ子がいつも回転画を描くわけではない。同じ日に普通の向きの正立画と回転画と両方を描くこともある。そして当の本人たちは取り立てて「さかさま」や「横向き」と意識している風もなく、平然と「アンパンマンかいた」などという。

子どものいる方や、保育関係の方に聞くと、回転画を見たことがあるという人は少なくない。しかしそれをくわしく研究した文献は見あたらない。おそらく、それほど頻度の高い現象ではないし、全体が一様に回転して描かれるので、でき上がった絵をあとから見ただけでは気づきにくいためだろう。

図3-7　3歳の女の子が描いたさかさまのアンパンマン（Saito, Hayashi, Ueno & Takeshita, 2011）

そこで、定期的に実験に協力していただいた33人のお子さんたちの、約3年間の記録を調べてみた。すると頻度はそう多くはないが、回転画は2歳後半から4歳後半の間に描かれていたことがわかった。そして観察中の「はじめての表象」を見てみると、その約13％が回転画だった。

どうやら、回転画は、なぐり描きから表象画に移行する時期に現れやすいらしい。ということは、この不思議な絵は、表象画への移行期におこる認知的な変化を反映しているのではないか。そんな期待をもって次の実験を考えた。

さかさネコ耳図形に描く

このときヒントにしたのは、やはり観察中のできごとだ。3歳5カ月の女の子が、正方形の模倣に挑戦中、角がうまく取れなくて上側が半月状にゆがんでしまった。その子は、しばらくその形を見つめてから、おもむろに図形の中に顔の中身と髪の毛を描きこんだ。このとき、カーブしてしまった上側が顎になり、さかさまの女の子の顔になったのだ（図3-8）。

それなら、あらかじめ回転したイメージを見立てやすい図形を描いておけば、回転画を誘発できるのではないか。実際にこれまでのデータでも、白紙に描かれた表象画のなかでの回転画の割合は約6％だけだったのに対し、模倣課題のなかでお手本の図形などを利用して描かれた表象では、約2倍の出現率になっている。

そこで用意したのは、図3-9のような、ネコの頭の輪郭を模した図形だ。とはいっても、半円と三角形を組み合わせただけのシンプルな図形である。この「さかさネコ耳図形」が描いてある画用紙に好きなように描いてもらった。

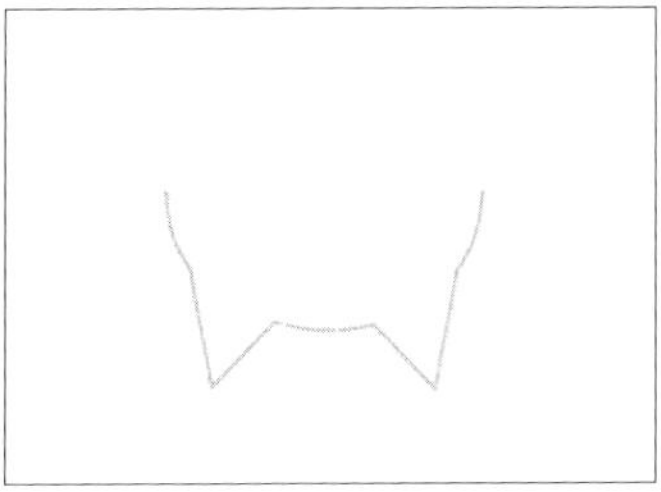

図 3-9　さかさネコ耳図形

図 3-8　3歳5カ月の女の子が描いたさかさまの顔．正方形の模写に挑戦し，少しゆがんでしまった正方形の中に顔を描き入れた（Saito *et al*., 2011）

すると、4歳以上の子なら大半は、「あれ、さかさま」などといって、当然のように画用紙の向きをくるっと変え、ネコの顔の輪郭を仕上げてから、中に目や口を正立で描き入れた（図3-10(d)）。さらにリボンを足して「おんなのこのネコ」にしたり、下側の輪郭を細長く伸ばして「やっぱりキツネ」にしたりもする。

そして予想どおり、それをさかさまだと指摘することもなく、そのまま顔の輪郭を仕上げ、目や口をさかさまに描き入れる子が出てきた（c）。だいたい3歳ぐらいの、やはり表象を描きはじめたばかりの子どもだ。しかもそういう子は、ネコ耳を横向きに描いておけば、横向きのまま目などを補完して顔に仕上げる。正立の向きで描いておけば、正立のまま補完して仕上げる。正立と倒立の両方の向きに耳がある拮抗条件で提示すれば、正立顔と倒立顔が半々で現れるといった具合で、刺激図形の向きによって向きを変えて描いた。どうやら、さかさまに描く時期があるというより、紙面上の

(a)　(b)　(c)　(d)

図 3-10　回転画実験の反応例と描いた子の年齢．逆さまのネコやクマの耳図形に対して，(a)しるしづけをする(2 歳 2 カ月)，(b)その向きのまま混沌顔を描き入れる(2 歳 6 カ月)，(c)その向きのまま倒立顔を描き入れる(2 歳 10 カ月)，(d)画用紙を回転させて正立顔を描き入れる(4 歳 3 カ月)．(Saito *et al.*, 2011)

向きが固定されていない時期があるということらしい。

では、いわば「無重力」な視点から描くようなこの現象はなぜおこるのだろうか。おもな描き方の違いを発達順に追ってみると、ヒントが見えてくる。

まず、なぐり描き期の子どもは、チンパンジーの顔の補完実験のときと同じように、「ない」部位を補うことはせず「ねーこー」などといいながら、その耳の部分にぐるぐるとしるしづけをした(a)。それでもこの図形を見て、「ネコ」と認識するのだから、イメージの想起と補完のうち、想起のほうは、より小さいときからはじまるようだ。

次に、もう少し描線をコントロールできるような子は、たどたどしい手つきで輪郭を描いたあと、そのなかに不完全な円や点のようなものをいくつか描き入れた(b)。形も数も不明瞭なその一つひとつのパーツを指差して何か聞いてみると、どれも「おめめ」だったり、一度「おめめ」といったものが「おくち」や「ほっぺ」に変わったりすることもある。位置も数もあいまいだが、何かしら顔のパーツを描きこんでいる。いわば混沌顔だ。ネコの顔を構成する要素として、目や口があるということはわかっているが、その数や位置についての概念がまだ成立していない、未分化な状態なのだろう。

そしてさかさ絵を描くのは、客観的にもそれとわかる表象を描きはじめたばかりの子たちだ。この段階では、おそらくネコの顔を構成する要素としてパーツの数や位置(順序)の概念が成立していて、先に耳が描かれているから、次は目が二つ、その次は口が一つ、と描く。だからこのとき、先に描かれている耳の向きに依存して、回転した向きで顔が描かれるのではないだろうか。

もう少し年齢が上がり、普段からさまざまな表象を描ける子は、「あ、さかさま」といってさっと紙の向きを変えて、正立で描く。パーツの位置(上下)の概念もできあがったのだろう。紙の向きをそのままに、「さかさまに描いちゃおう」などとわざとさかさまに描こうとする子も出てくるが、そんな場合は小さい子の回転画と違って、笑っている口を描くときに向きを迷ったりする。また「ネコかな？」といいつつ、しばらく考えたのち、さかさまの耳の部分を女の子の足にして、さらに体と頭をつけ足して新たな正立の表象に仕立てる子も出てくる。

こうして概念の成立と紙面上の上下の成立との関わりを考えると、その延長として思い起こされるのが、鏡文字だ。文字を書けるようになったばかりの子どもが、ときどき左右反転した文字を書く。おそらく多くの方も経験があるだろう。

「ち」という文字の書き方を言葉だけで説明するとしたらどうなるかを考えてみるとわかりやすい。「まず横棒を書いて、そこに上から縦棒を交差させてから、そのまま右に半円状のカーブを描いて止める」。このとき、もし「右」と「左」という言葉をもたず、かわりに「そのまま横に……」という風にしかいえないとしたらどうか。どちら側にカーブを描くかが定まらないから、たまたま右に折れれば「ち」に、左に折れれば「さ」になる。幼児の場合、この左右の概念が未分化だから鏡文字になる。そして上下の概念が未分化だから回転画になる。そう考えると腑に落ちる。実際に、左右を示す言葉がない文化があり、そこの人びとは、絵の鏡像を区別しないそうだ。

また、一つねじれ現象のようなものがある。描かれた耳にしるしづけをするだけの子は、先に紙の向きを正立に変えてから描き出す子が半数近い。それに対して、不明瞭ながら混沌顔を描く子は紙の向きを変えずにそのまま中身を描きこむ子が多いのだ。つまり、描かれたモノにしるしづけをしている子は、それがさかさまだということを認識して向きを直すが、混沌顔を描く子が内部を描き入れるときには、その向きにとらわれない。つまりここで、認識(re-cognition＝再－認知)から表象(re-presentation＝再－現前化)への転換があるのだという見方もできる。

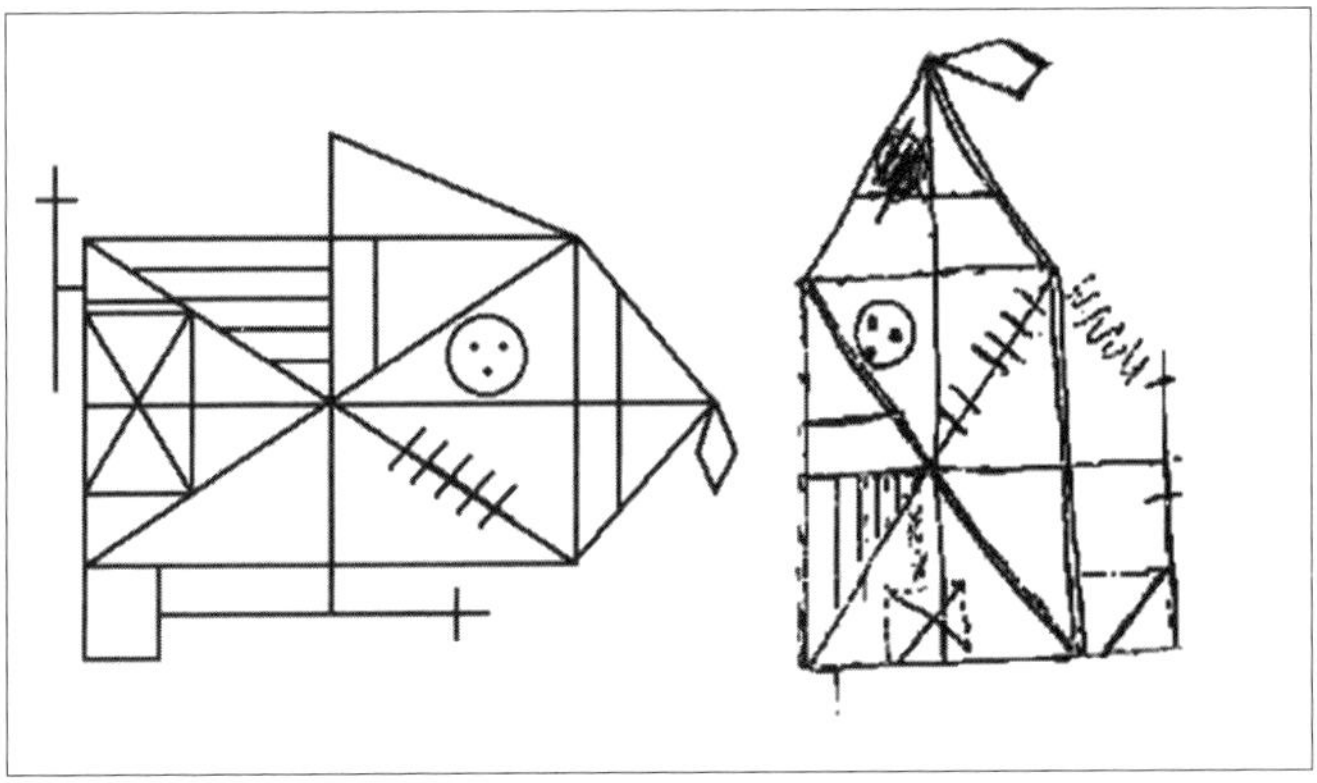

図 3-11　レイの複雑図形(左)を模写するときに回転画になる(右)症例がある(Turnbull *et al.*, 1997)

目や口のような不明瞭なパーツがたくさん描かれる「混沌顔」には、先の補完課題でもよく出会った(35ページ図2-12)。そのたびに思い出したのが、カンブリア紀の生き物のことだ。カンブリア紀は、多細胞生物の進化の大爆発がおこった時代で、節足動物をはじめとして、現在のほぼすべての動物門が誕生した。このとき目立つのはたくさんの目をもつ生物など、今見ると過剰で奇妙な姿をした多様な生き物の姿だ。描画の発達過程のなかでも、表象表現の爆発のはじまりに、この少し過剰で奇妙な混沌顔が出現するようだ。

ところで回転画という言葉は、実はおとなの脳疾患の症状からとってきたものだ。レイの複雑図形検査というテストでは、複雑な図形を模写することで、視覚性の記憶や認知、視空間構成、運動機能などを評価する。このとき、細かい部分まで形は正確なのだが、全体をさかさまや90度回転した向きで描く人がいる(図3-11)。この症状は、脳梗塞などの脳疾患を反映するもので、おもに空間認知に関係する領域の損傷が疑われる。

そしてこのことが、脳の中に観察者中心座標系と物体中心座標系の二つの系が存在することの証拠ともされている。それぞれが41ページで説明した視覚情報の背側経路(where 経路)と腹側経路(what 経路)に対応すると考えられている。

このことを子どもの回転画にあてはめて考えてみたい。しるしづけは、筆記具を持つ手を描かれた部分に定位するのだから、背側経路が使われる典型的な行為だ。そのため自分とモノとの位置関係に依存する観察者中心座標系が参照される。一方、具体的な「何か」を表現するためには、物体中心座標系を参照する腹側経路も使われるはずだ。表象を描きはじめたばかりのときに回転画を描く現象は、物体中心座標系が、観察者中心座標系から独立している状態なのではないだろうか。そして最終的に二つの座標系の連携が完成すると、紙面での上下が確立し、つねにモノを正立で描くようになるのではないかと考えている。

見たモノでなく、知っているモノを描く

子どもが描くちょっと風変わりな絵の一つに「頭足人」というのがあり、こちらは回転画より有名で、もっと頻繁に現れる。おたまじゃくし人間ともいわれ、人物を描くときに、胴

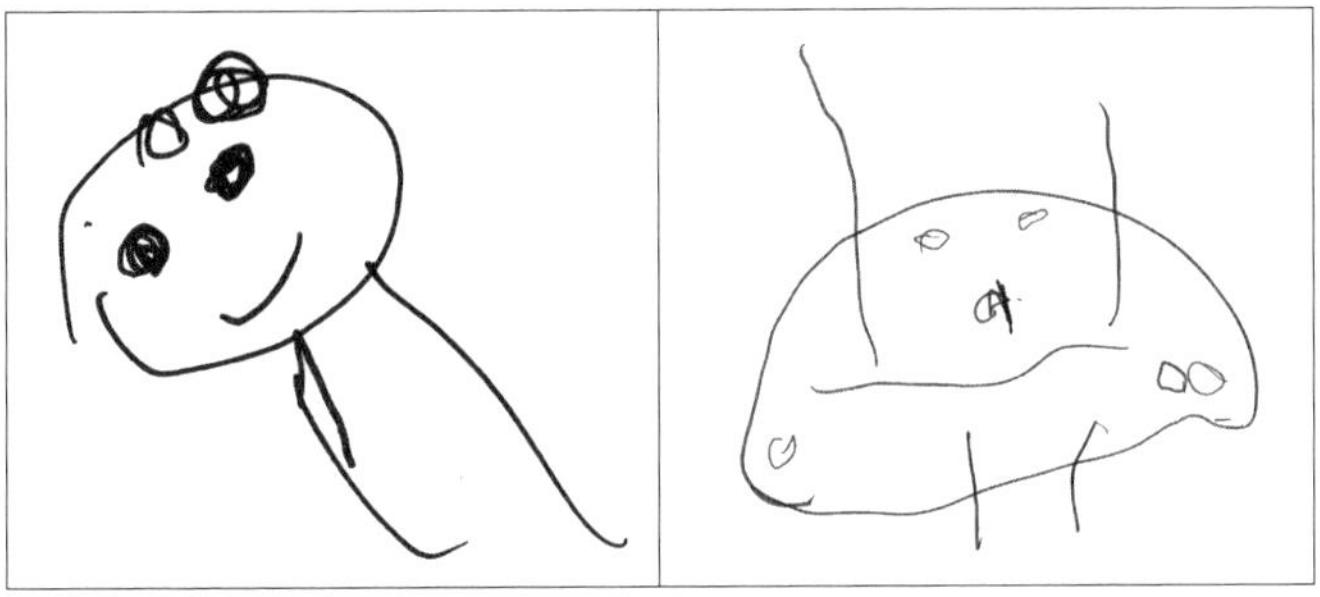

図 3-12　頭足人の絵(いずれも 2 歳 10 ヵ月の女の子)

体がなく、頭から直接手足が生えている絵である(図 3-12)。

このことも、子どもの絵が記号的で、言語や概念の発達を反映していると考えると納得がいく。「頭」や「手」や「足」に比べて、「胴体」あるいは「からだ」という概念はもっと漠然としているので、あとから覚えることが多いからなのだろう。

さらにはもう少し大きい子が描く絵のなかに、多視点描画というのも知られている。たとえば丸いテーブルの天板は上からの視点で、テーブルの脚と、その上にあるコーヒーカップは側面からの視点で描かれるなどの、キュビズムを思わせる描き方だ。これも「丸いテーブルには脚が4本あって、コーヒーカップには、取っ手がついている」という典型的な特徴を記号的に説明しているからだと考えられている。

子どもが描くモチーフや描き方は、他者の影響を受けることも多い。わたしが幼稚園の年長のころも、つばめ組の

図3-13 同じモチーフ(横向きのイスに座る女の子)が繰り返し出てくる．著者が6歳のころのスケッチブックより

女の子の間で「女の子がイスに座っているのを側面から描いた絵」が流行したことを覚えている。当時のわたしのスケッチブックにもこのモチーフが繰り返し出てくる(図3-13)。机の上には花瓶と「おれんじじゅーす」と書かれた紙パックが置いてあり、コップでジュースを飲んでいる女の子が座っている。女の子の服や花の色、ジュースの種類はそのつど変わっており、あるときは、テーブルのかわりにクリスマスツリーが描かれ、飾りつけをしている場面になっている。イスに座った姿という、新しい描き方を誰かがはじめ、周りがそれをまねしたのだろう。最初に描いた子も、姉のまねをしたのかもしれない。こうして誰かのまねをすることで、太陽の描き方、花の描き方、女の子の描き方を、それぞれ記号として習得していく。それを再現し、組み合わせながら、変化が生まれ、自分なりの表現となっていく。その様子は、言語の習得とよく似ている。

「絵を描く」ことは、必ずしも世界を写しとる行為ではない。描画発達の先駆け的な研究者であり、哲学者でもあったフランスのジョルジュ＝アンリ・リュケが指摘したように、子どもは、見たモノを描いているのではなく、知っているモノを描いているのだ。

記憶に貯蔵された一般的な概念を表現する構造のことをスキーマという。つまりモノについてのひとまとまりの知識のことだ。「顔」のスキーマは、目、鼻、口、耳などの要素によって構成される。壁のしみにモノの形を見出すということは、あるモノのスキーマを構成する要素に類似した形を見つけるということでもある。逆にいうと、子どもの記号的な絵は、そのモノについて今知っている知識、すなわちスキーマの要素を紙の上に表現しているものだと見ることもできる。

絵は、言語を使わないで表現できるツールでありながら、その背景は言語と無関係ではなさそうだ。

4 なぜ描くのか

ヒトはなぜ描くのか

ヒトが描くことの認知的な基盤の一つは、今ここに「ない」モノをイメージして補うという認知的な特性であり、言語の獲得と関連しているのではないか。それがヒトはなぜ描くことができるのかという問いに対して、たどり着いた一つの答えだ。では、ヒトはなぜ描くのか。この章では、ヒトを描くことへと駆り立てる動機づけについて考えてみたい。

生物進化のおもな原動力は、自然淘汰や性淘汰である。それぞれ生存率や繁殖成功率に関わり、重要なのは、その形質をもった個体がより確実に生き抜き、より多く子孫を残すことだ。それによって、関連する遺伝子が受け継がれ、集団のなかに広まって定着する。

行動の進化の説明も同じように考えられる。ヒト以外の動物の行動のなかで、描画に近い行動をしいて挙げるとしたら、一つは鳥の求愛に関わる行動だろう。

クジャクのオスは、羽根をカタカタと小刻みにふるわせながら、ゆっくり左右に振ってメ

スにアピールする。このようにダンスをして自分を誇示する行動は多くの鳥に見られるが、自分が踊る舞台にまで演出をほどこす鳥もいる。ニワシドリ、アズマヤドリなどの一部の鳥は、木の枝などを集めてオブジェ状のものをつくり、そのそばで求愛ダンスをする。なかでも印象的なのがアオアズマヤドリで、羽根や人工物などの青い物ばかりをたくさん拾い集めて、オブジェを飾る。そんな目立つことをしていたら天敵から見つかりやすいはずだ。しかし、目立つことをしても生き残れるほど健康で、優れた遺伝子をもっていることの暗示的な証明でもある。とびきり青く、派手な演出ほどメスへの効果的なアピールとなり、繁殖の成功率が上がると考えられている。

一方で、ヒトが身につけた多くの行動は生得的ではなく、遺伝するのは行動パターンそのものではない。たとえば石器製作の技術は、少なくともはじめのうちは、ヒトの採食効率を上げ、生存率を上げたはずだ。しかしこのとき、遺伝的に受け継がれるのは、石器製作の技術そのものではなく、その技術の習得に必要な認知能力や運動調整能力である。技術そのものは、遺伝的に組み込まれるものではなく、模倣や教育による「知の遺産」として受け継がれたものだ。

石器製作と異なり、絵を描く技術を磨くことは、単純に自然淘汰の文脈には乗りそうもない。男性の芸術家は、その器用さを暗に証明していて、モテたのではないかという説もあるが、決定的な説得力があるようには思えない。

むしろ、先に見てきたように、「描く」ことに必要な認知的な能力は、おそらく言語の獲得によって、そして運動調整能力は、おそらく石器製作などの道具使用や道具製作の技術の発達によって獲得された、副次的なものであると考えるほうが、しっくりくるだろう。

描くことが「おもしろい」？

では、なぜ描くのか、と聞かれたら、わたしなら、描くことがおもしろいからだと答える。それでは身もふたもないと思われるかもしれない。しかし、描くことをおもしろく感じさせるのもまた、ヒトが進化させてきた認知的な特性ではないか。そう考えている。

最初の手がかりは、やはりチンパンジーが与えてくれる。チンパンジーが描くときにも、食べ物による報酬がいらないからだ。食べ物を報酬として教え込む芸とは違い、リンゴをもらえるから描くのではなく、描くという行為そのものが「おもしろい」から描く。自己強化的に行為を学習する、自己報酬的な行動だ。そのため、動物園などの飼育下で暮らすチンパンジーやオランウータンなどの、大型類人猿の暮らしを少しでも充実させようとする、環境エンリッチメントの一つとして取り入れられることもある。

モリー画伯とよばれるオランウータンがいた。残念ながら、2011年に59歳でその生涯を閉じてしまったが、ギャラリーで個展を開くなど、大型類人猿界では少々名の知れた画家だった。上野動物園にいたころに絵を描きはじめ、多摩動物公園に移ってからも、クレヨンが入った専用のバケツを持ち、ほぼ毎日絵を描いていたそうだ。わたしも一度訪ねたことがあったが、加齢のために垂れ下がるまぶたを片方の手でぐいと持ち上げながら、ゆっくりとクレヨンを動かしていた姿が印象的だった。色をふんだんに使ったやさしい感じの絵が多かったが、毎日異なる色を使って描き、仲間のオランウータンが出産した日には、赤一色の絵を描いたという。

そのモリーのほか、アイたち霊長研のチンパンジーを含め、さまざまな大型類人猿の絵が一堂に並ぶ機会がある。「大型類人猿の絵画展」である。海外からも、認知科学研究に貢献してきた大型類人猿たち、前述の手話をするゴリラのココ（24ページ）、チンパンジーのワシュー（24ページ）、キーボードの図形文字でのコミュニケーションを学習したボノボのカンジとパンバニーシャの絵が集まった。「アジア・アフリカに生きる大型類人猿を支援する集い」、通称SAGAシンポジウムの企画の一つだ。2005年に大阪芸術大学で開かれてから、毎年シンポジウムの会場となる各地の動物園で巡回展示されている。

身体的な探索と内的なルール

では、大型類人猿にとって描くことの「おもしろさ」はどこにあるのだろうか。

贔屓目《ひいきめ》に見ても、いい作品を仕上げたときの創造の喜び、というわけではなさそうだ。描いている最中は集中していても、でき上がってしまうと、その絵にはほとんど目もくれない。

それは、なぐり描きをはじめたばかりのヒトでも同じだ。やはり描いている最中は、夢中でペンを動かすが、でき上がった絵にはあまり興味を示さない。せっかく描いた画用紙をやぶいたり、丸めてぐちゃぐちゃにしてしまうこともある。チンパンジーとなぐり描き期の子どもに共通するのは、まず描くことの「おもしろさ」が、絵という結果にあるのではなくて、描くという過程(プロセス)にあることらしい。

かといって、ただペンをふりまわしているだけで楽しいというわけでもない。ペンのインクが出なくなったり、鉛筆の芯が折れたりしたら描くのをやめる。紙の上に痕跡が残らないとつまらないのだ。

先に、子どもたちのなぐり描きは、紙の上に何かを表現しているというより、身体的な探索の痕跡だと述べた(16ページ)。その探索行為にこそ最初のおもしろさ、すなわち報酬性がありそうだ。ヒトの1歳児を見ていると、ペンをふりまわして偶然ついたかすかな痕跡に、1回1回、「わあ」と歓声をあげてにっこりすることがよくある。描画では、手を動かす行為に即応して、描線が現れる。はっきりとした視覚的なフィードバックだ。少し動かし方を変えれば、現れる軌跡も変わる。その探索がおもしろいのだろう。

「大型類人猿の絵画展」に向けて大きなボードと刷毛を用意したときのことだ。50センチメートル×70センチメートルのボードを床に置き、当時5歳のチンパンジー・パルに描いてもらった。ここは一つ、大作を描いてもらおうと見守るわたしたちをよそに、パルが最初にしたのは白いボードの上に自分でちょこんと座ることだった。さらにその上で、雑巾がけのように両手をさーっとすべらせると、しゃがみこんで表面をなめ、しまいにはごろんと仰向けに寝転んだ。刷毛を渡すと、ぼさぼさの穂毛や真っ赤な絵具をじっと見つめる。ようやく刷毛を握って力強い線をあちこちに走らせたかと思えば、穂先をぎゅっと押しつけたり、叩きつけたり、縦横無尽に刷毛をふるって描いた(カラー口絵3)。

探索は、視覚的なフィードバックだけにとどまらない。筆が紙とこすれる触感に、絵具の匂いや味、画用紙の手触りや寝転んだときの感覚。文字どおり、からだ全体で探索する。そうして五感を使った探索が「おもしろい」ようなのだ。

チンパンジーに筆の代わりに粘土を与えても、やはり食べ物による報酬なしにそれをあつかう。中川織江さんの研究では、チンパンジーたちが粘土を変形させたり分割したりして、紐やだんご状の塊をつくった。なかには塊をつぶして器のようなものをつくったチンパンジーもいた。

野生のチンパンジーが、地面に棒で絵を描いたり、土の塊をこねて形をつくったりするのを見た人はいない。しかし彼らも身体的な探索を楽しむ。たとえば、その場でくるくると回ったり、大きな葉を頭からすっぽりかぶってうろうろしたり、木の枝を引きずって走ったりする。一人遊びだ。これらの遊びでも、自分の身体的な働きかけに対して、感覚のフィードバックがあるのが共通だ。その場でくるくる回れば、めまいが生じる。葉っぱをかぶれば、見えていた世界が視界からぱっと消える。木の枝からは手に直に振動が伝わってくる。わたしたちがそれを見て楽しそうだと感じるのは、同じような遊びをした経験があるからだ。ただし、こうした一人遊びをするのは、おもに子どもや若者で、おとなの一人遊びはあまり多くない。

熊本サンクチュアリには、現在59人のチンパンジーが暮らしている。とくにおとなのオスだけの群れでは、遊びが社会的な関係づくりの一端を担っていて、追いかけっこやレスリングのような社会的な遊びがよく見られる。力加減が過ぎてどちらかが泣き出してしまうこともあるが、はあはあと笑い声をあげながら、男同士の荒っぽい遊びをしている。

それに比べると頻度は少ないが、一人遊びもたまに見かける。口に含んだ水を床や壁に撒いて、体をこすりつける水浴びは気持ちがよさそうなので理解できる。一方、どうにも地味な一人遊びもある。たとえばトーンというチンパンジーは、細長い草の両端を両手で持って、何度も左右に動かし舌にこすりつけていた。いつもお決まりの草があるようで、その少しざらざらした感触が好きだったのだろうか。このちょっと暗い遊びを別のチンパンジーがしていたのを見たこともあるので、トーンの遊びを真似してやってみたのかもしれない。

またチンパンジーたちが、用もないのに棒を穴に詰めたり、ロープの端をほぐしたり、緩んだボルトを外してみるといったことも、日常茶飯事だ。居室に人が置き忘れたブラシがあれば、形だけの掃除をしてみたり、靴下を渡すと自分ではいてみたりすることもある。

ものすごく楽しそうとまでは見えないのだが、役に立たないことをわざわざする。そのときに多いのは、物を定位的に操作する行為だ。それは、物がどのように扱えるのか、物が与える(アフォードする)行為を試しているようでもある。みずからの働きかけに対して返ってくる感覚のフィードバックを確認し、探索することが「おもしろい」。このことは、彼らが物の特性を理解し、道具使用を習得できることと関係があるのではないだろうか。

野生のチンパンジーでも、たくさんの道具使用が確認されている。棒でアリを釣る、葉っぱを折りたたんでつくった「スポンジ」を水に浸して飲む、台石の上にナッツを置いてハンマーがわりの別の石で割る。道具を少し加工したり、組み合わせて使ったりする道具使用もあり、その習得にはかなりの試行錯誤が必要だ。

アフリカ西岸の共和国、ギニアのボッソウでは、松沢先生や林美里さんたちが、チンパンジーのナッツ割りの技術が世代を超えて伝わっていく様子を研究してきた。子どものチンパンジーたちは小さなころから、おとなが割っているのをすぐそばで観察する。それから自分で石を持ってきて挑戦する。失敗しても何度も何度もお手本を見に行き、何度も何度も挑戦する。こうした忍耐を支えるのは、よりおいしい食べ物にたどり着こうとする欲だけとは思えない。やはりそこに「おもしろさ」があるからなのではないだろうか。

では、画風のあるおとなのチンパンジーたちは、描くことのどこに「おもしろさ」を感じているのだろうか。筆記具の扱いに慣れたおとなは、筆をあちこち動かしてみて描線の表れ方を探索するというより、自分の筆の運び方がそれぞれ決まっている感じだ。ペンを持つ手首をやわらかく動かすと、曲線が描ける。ペンをナイフのように握って先端に近い親指を細かく動かせば短い線が描ける、上から振り下ろせば、点々が散らばり、ぎゅっと押しつければ大きなしみができる。それまでに体得したことから、それぞれの筆運びの方針、いわば内的なルールを設定して描いていて、それが個性として表れるようだ。内的なルールを設定すると、目的が生まれ、その遂行と達成の「おもしろさ」もあるのかもしれない。それがチンパンジーのおとなの描画のタシナミなのではないだろうか。内的なルールは、積み木を積むときにも出てくることがある。たとえば林さんの観察で、パルが自発的に色を選んで、赤、白、赤、白、赤、白と交互に積み木を積み上げた例がある。

イメージを外化するおもしろさ

では、表象を描くヒトならではの描画の動機づけは何だろう。

これまで見てきたように、ヒトの場合、表象を描こうとする欲求が強く、まだ自力では表象を描けない運動調整能力が未熟なうちから、「ない」ものを補って表象を完成させようとする。

それは、いわば発見のおもしろさであり、「ない」モノを生み出すおもしろさだろう。図3-3の絵を見て、しばらく悩んだ後についにダルメシアンを見出したとき、生じる感覚が

「aha!」だ。問題に解を見出すこの瞬間、わたしたちの脳の中では、報酬系が活性化し快感として感じられることが知られている。報酬系が活性化すると、記憶に定着しやすいからだ。脳科学者の茂木健一郎さんが広めた「アハ体験」である。

小さな子が、なぐり描きをしたあとで、その不定形な線に名づける場合もある。リュケ(69ページ)はこれを「偶然のリアリズム」とよんだ。描きながらふと手を止めて、「これ、鳥みたい」といって、さらに目や足を描き加えることもある。絵筆を動かすと、紙面上の線が変化し、その上に次々とイメージが想起される。しかもそこに少し手を加えれば、頭の中に想起されたイメージを目に見える形で「外化」できるのだ。

頭の中にあるイメージを外化することで、また新たなイメージが喚起される。「おさかな」が描かれたかと思えば、それが「せんたっきのぐるぐる」に取り込まれたり、「こわくないおばけ」が画面いっぱいに現れたりする。頭の中ではまだぼんやりしたイメージが、筆を加えるうちにより明瞭になり、さらに変化したり連鎖したりしていく。

イメージの付加や組み合わせによって、実在しないものをつくりだすことも可能だ。たとえば、人の顔を描いているときに、「目を三つにしちゃえ」とつけ足す。すると紙の上に、三つ目の奇妙な生き物が誕生する。描いた本人も「うわ、おばけになった」と驚くような思いがけないものが生まれるおもしろさもある(図4-1)。

絵筆を持った子どもは、いわば創造主であり、また最初の発見者でもある。ここでもやはり、絵という結果だけでなく、その過程(プロセス)に多くのおもしろさがあるのだろう。

イメージを共有する喜び

私的なおもしろさの先には、ヒトの場合、すぐに社会的な動機づけが予想できる。想起したイメージを絵という形で外化すれば、頭の中にあったイメージを他者に伝え、共有することができるからだ。

たとえば、岩の凹凸の形が、ある人にはウシに見え、ある人にはウマに見えるかもしれない。そこでもし角を描き入れれば、ウシという共通の認識になる。描きこめば描きこむほど、イメージは確実に共有される。

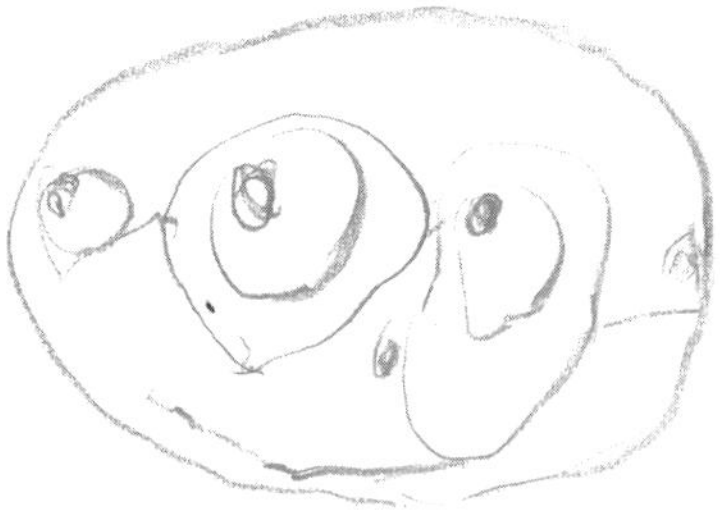

図4-1 目を1つ多くつけ足すだけで，奇妙なモノが生まれる(5歳)

子どもがおえかきをしているのを見ると、つい「何を描いたの？」と聞きたくなる。なぐり描き期の子の場合は、そう聞かれて戸惑うことも多いが、だんだんとなぐり描きにも適当に名づけるようになる。そして表象を描きはじめるころになると、子どもも、「これ、ママ」「これ、しんかんせん」と、説明しながら描き、逆に「これ何だと思う？」と問いかけて、何に見えているかを確認することもある。

このようにヒトの「描く」は、社会的な文脈におかれることが多い。描いた絵を一緒に見て、絵を介したコミュニケーションが頻繁に発生する。これもチンパンジーの描画風景との大きな違いだ。

竹下秀子さんは、ヒトとチンパンジーの発達過程で大きく異なる点として、母子間の相互交渉の密接さや物を介した3項間のやりとりを挙げた。そしてこれらの特徴を発達させた背景として、ヒトが育つ社会的な環境を挙げている。

その発端はあおむけだ。チンパンジーの赤ちゃんは、生まれたときから3カ月までは片時も離れず、母親にしがみついて育つ。しかしヒトの赤ちゃんは、生理的に未熟な状態で生まれるため、自力では母親にしがみつけない。そのためあおむけの姿勢で寝かされることになる。あおむけでいると、母親や兄姉、あるいは周囲のおとなと目が合いやすく、周りから声をかけられたり、見つめ合ったりする機会が増える。自分が見られる存在であり、見る存在である。赤ちゃんがそうして「見られ・見る」関係を理解していくことが、やがて、相手の視線に自分の視線を重ねて同じ物を見る共同注意への発達の土台となる。

また、あおむけで寝かされている赤ちゃんは、両手が空いている。その手を次々と伸ばし、手あたり次第に周りの物を触ってみようとする。このとき、母親をはじめ周囲の人たちは、危ない物ならだめというし、積極的に新しいおもちゃを手渡したりもする。赤ちゃんはこうした周囲の反応を確かめながら、身の回りの物への探索を続ける。社会的参照をしながらの探索によって、世界を理解していく。

こうして母親をはじめとする他者との相互交渉が密接におこなわれ、物を介してのやりとりが頻繁におこるのが、ヒトが育つ環境だ。絵を描く場面もまさにこのなかにある。

いつも周りから教わるばかりの立場も、絵を描いているときには逆転する。本人が自在に生み出し、外化するイメージを見て、それが何かを教えてもらうのは周りのおとなの方だ。「この船は6階建てなんだよ、この階段から上に行けるんだよ」と、ちょっと自慢げに説明してくれる。描いたモノを説明しながら新たなモノを付け加えて、絵の中で時間が流れ出すこともある。いわば絵を介したモノ語りの発生だ。

心理療法に用いられる描画療法でも、絵を介した言葉のやりとり、カウンセリングが大事にされる。絵を描けば、言葉だけでは伝えるのがむずかしい頭の中のイメージも共有できる。絵を介したモノ語りによって、共有できるイメージの内容がさらに深まるからなのだろう。

イメージと神話

2008年、国立新美術館で、現代アボリジニ・アーティストのエミリー・ウングワレー(1910年ころ〜96年)展が開催された。現代アートにひけをとらないすばらしい作品が多く、なかでも幅8メートル、高さ3メートルもの大きなキャンバスに描かれた「ビッグ・ヤム・ドリーミング」が圧巻だった。黒い地に白い曲線が複雑に入り組んだ抽象的な表現は、気がつくと自分もその大きな流れの中に入りこんだような不思議な心地よさを感じた。

この展覧会をきっかけに、アボリジニの世界に興味をもった。調べてみると、オーストラリアにも先史時代の絵が残されている。しかもオーストラリアの場合は、約4万年前にオーストラリアに移住してきた人びとが、ほんの1、2世代前の最近まで生きた文化として伝えてきたという。これはぜひ実物を見たいと思った。

最初に訪れたのは、観光地としても有名なエアーズロックだ。アボリジニの言葉では、ウルルという名の聖地である。広大な砂漠にある山のように大きな赤い岩に登るツアーが人気だが、アボリジニの人びとが聖地であるウルルに登ることは決してない。

その岩肌には、亀裂や凹凸、過去に流れた水のあとがある。アボリジニのガイドによると、そのすべてに意味があり、物語があるという。彼らも岩肌にモノのイメージを見立て、モノ語りによってイメージを共有し、それを受け継いできたのだろう。そうやって彼らが土地のランドスケープのなかに過去の神話や物語のイメージを編みこむことは、地理的な情報を効率よく覚えるのに有効だという指摘もある。

彼らが子どもに物語を伝えるときに、黒板のようにして描いていたという絵を見せてもらった。そこには精霊の姿といくつかのシンボルが描かれていた。そこで子どもは、精霊の物語を学んでいたそうだ。絵は、イメージを地域で共有するための重要な役割を果たしていて、やはりその傍らにモノ語りがあった。
その後、カカドゥ国立公園とキンバリー地域も訪れたが、オーストラリアのロックアートはヨーロッパの壁画と比べると、「濃い」感じがした。先史時代から、何世代ものアボリジニの人びとがその土地を受け継ぎ、くりかえし絵を描き重ねてきた、その時間の重みのせいもある。しかし、どちらかというと写実的な動物の絵が多いヨーロッパの壁画と比べて、記号性が強いように感じたせいもあった。

図4-2　カカドゥ国立公園内のアボリジニのロックアート．精霊が多く描かれている

描かれたものは雷男や虹蛇など、精霊がほとんどで、実在する動物は少数だ(図4-2)。動物が描かれる場合も、デフォルメされた表現が多い。シンボルも豊富で、水場や狩り、動物の足跡、宿営地などのシンボルが組み合わせて描かれている。ただし、西洋的な意味でのシンボルと違うのは、同じ図形に幾重にも意味が込められていることだ。

彼らは、「知識」を文化のなかで最も貴重なものとし、「「知識」には力がある」という。文字をもたない彼らは、それを絵やボディペインティング、物語、歌などの形で伝承してきた。その多くは、「ドリームタイム」という世界のはじまりの物語を伝えるものだ。

外部から観光客として訪れた場合に教えてもらえるのは、何層にも重なった意味や物語のほんの上層だけだ。「知識」のもつ力が大きければ大きいほど、深く隠され、その最も深い意味を知ることができるのは、アボリジニの年長者のみだという。アボリジニの子どもは、成長するにつれて少しずつ「知識」を得る。それによって、描かれたシンボルやモノの表面的な意味だけでなく、より比喩的な意味を解釈できるようになるそうだ。

先史時代にヨーロッパや世界各地で洞窟壁画を描いた人びとが、はたしてアボリジニの人びとと同じ目的で、同じように描いていたかはわからない。しかし、おそらく彼らも絵によってイメージを共有し、絵を介して神話や物語を語っていたのだろう。

クロマニョン人たちが洞窟に絵を描いていた時代、地球は氷期のまっただなかにあった。約1万年前まで続いた最終氷期のなかでも、寒さのピークをむかえるのが約2万年前なのだ。狩猟の技術や道具などが発達してきたとはいえ、その暮らしは厳しかったはずだ。寒さをしのぐために洞窟の中で過ごし、闇の中に動物のイメージを見たのか。あるいは自然への畏怖が彼らの神話やイメージを育てたのか。時空を超えてさまざまなイメージを膨らませることができるのも、ヒトに与えられた楽しみだ。

5 想像する芸術

世界の見え方が変わる

これまでの章で「描くことの起源」に関わる認知的な基盤について論じてきた。この最後の章では、いわばその源流が、視覚芸術(以降アートと表記する)にどのように関わっているかを考えてみたい。すぐれたアートはなぜ心を動かすのか。創造性とはなんだろうか。

写真家の畠山直哉さんに「Slow Glass」というシリーズの作品がある。さまざまな風景を水滴のついたガラス越しに写したものだ。水滴にピントが合っているので、風景はぼんやりとしか見えない。でもよく見ると、無数の水滴一粒一粒に、その先の景色がそれぞれゆがんだ形で映りこんでいる。たくさんの宇宙があるような不思議な感覚だ。さらにじっと見ていると、ゲシュタルト崩壊(たとえば一つの漢字を注視していると、その漢字がばらばらに見え、何という漢字だったかがわからなくなるような現象)のようなことがおこり、ただ光の配置の美しさが迫ってきた。学生のころにこの作品に出会ったことで、電車の車窓や車のフロントガラスに水滴がついていると、水滴に自分の目の焦点を合わせるようにして風景を眺める、ちょっとした楽しみを覚えた。

現代アートを鑑賞していて、作品だと思ったら本物の消火器だった――そんな経験がある人もいるかもしれない。よい作品に出会うと、世界がいつもと違って見えるようになる。普段見慣れたモノでさえ新鮮に見えてくることがある。そうした余韻は、さまざまなアートに共通するように感じる。

日本庭園でもそう感じたことがある。大学時代を過ごした京都には、すばらしい庭園が多い。時代や作庭家によってさまざまなスタイルがあるが、回遊式の庭園では、庭をさまざまな視点から鑑賞するように順路が設定されている。同じ桜の木も違う視点からは違う姿を見せる。その「違い」に気づかされるうちに、歩きながらいつもより丁寧にモノに目が留まるようになった。ふかふかの苔の上に一つだけ置かれたような真っ赤な実、苔の先端についた微小な水滴のきらめき、雨で黒々と光る木肌葺きの屋根に薄桃色の花びらが音もなく落ちる瞬間……。さまざまなモノの存在が際立ち、世界が新鮮に見えてきた。

このときの新鮮な見え方は、子どもの視点とも共通するように感じる。

子どもの描画実験をしているとき、こんなことがあった。4歳の男の子が、紙いっぱいに大きな家を描き、そのなかに四角い窓を描き始めた。8階建てのかなり大きな家なので、窓もたくさん必要だ。息をこらして真剣に、四角い窓を描く。なかほどまできたとき、男の子はペンを止め、「「おえかき」って聞こえてる」といった。ペン先が四角形の角を曲がるたびに、しゅ、しゅ、しゅ、しゅとこすれる小さな音がする。いわれてみればなるほど、それが「お・え・か・き」に聞こえるということだったのだ。

まだ語彙の少ない子どもにとっては、見るもの、感じるものすべてが新鮮で驚きをもっている。見知らぬ「何か」に出会うことが多く、そのたびに身体を使って積極的に探索し、五感をフルに使って感じ、そのモノや世界を知っていく。そうやって新しい概念を学習し、世界を知ることは刺激的でおもしろい。

一方、おとなになると、周りはすでに見知った「何か」ばかりであり、いったん「何か」として分類してしまえば、それ以上きちんと見ようとしない。ためしに、普段見慣れているはずの家族や友人の顔、あるいは自分の顔を記憶だけで描いてみてほしい。画力の問題だけでなく、頭のなかでさえ、はっきりと再現するのはむずかしいのではないだろうか。先に述べたように、わたしたちは見た視覚情報をそのまま知覚して記憶するのでなく、頭のなかで記号化してしまっているからだ。

日々の暮らしのなかで、わたしたちは目を開けている間じゅう、たくさんのモノを見て、たくさんの情報を瞬時に処理しないといけない。自分の行動に必要なモノだけに注意を向ける「選択的注意」も、おとなになるにつれて巧みになり、そもそも必要なモノにしか目を向けていないということもある。

必要のあるものだけに目を向け、それを記号化してしまう。いわば本のあらすじだけを読んでいるようなわたしたちに、子どものときのように世界を新鮮に見せてくれる。それがアートを鑑賞するときの心の作用であり、おもしろさではないかという気がしている。そのことをもう少しくわしく考えてみたい。

概念を拡張するアート

美しい自然を見て「絵みたいな景色だ」といういい方がある。それは、現実のものとは思えないほどの美しい形や色、それらの絶妙な配置に対する賛辞だ。そもそも美とは何か、という問題は、美学、神経美学、感性心理学などの分野でさまざまに論じられているので、この本では追究しない。ただ、自分のそれまでの概念を超えるような風景に出会うと、感動を覚える。さらに自分の概念をはるかに超えた美しい風景に出会うと、今度は「筆舌に尽くしがたい」になる。

自然の風景や実在するモノを写し取った作品を見るときの体験を、まず考えてみよう。絵や写真のなかでは、見たことのない景色、見たことのない生き物や食べ物、見たことのない美しい服をまとった異国の人物に出会うことができる。子どもと同じように、新たなモノを知り、新たな世界を知ることは純粋に楽しい。普段の自分の生活からかけ離れた空間やモノの存在を知ることで、世界が今ここにある狭い範囲だけではないのだと心が軽くなることもある。

しかも絵は、現実の風景そのままではなく、いらないものを排除し、足りないものをつけ加えることができる。そうすることで、自然の美しさをより際立たせることができる。

描かれているのは、ある瞬間にある空間で切り取った作者のフィルターを通して見た世界だ。エルンスト・ゴンブリッチが『芸術と幻影』で書いているように、画家もまた、見たモノをそのまま描いているのではなく、知っているモノを描いているのだ。そのフィルターによって、ありきたりの風景やモノの知らなかった一面、普段は目を向けないような部分に、気づかされることもある。知っているモノについての新たな概念が加わる、新たに「知る」喜びだ。

もちろん、アートは美しい自然をそのまま表現するだけでない。美術史は、つねに新しい表現方法の模索の歴史でもあった。写実性とは異なる表現のなかにも、実物以上のリアルさを感じ、はっとすることもある。印象派をはじめ、美術作品のさまざまな表現がわたしたちの心に美を感じさせるのは、モノを見るときのわたしたちの視覚特性や脳の機能に関連しているかららしい。美を感じる脳や認知のしくみについては、巻末で紹介する参考文献を参照いただきたい。

作品を見るとき、わたしたちはアーティストのフィルターを通して抽出された新しい見え方に出会うことができる。同じようなモチーフを描いても、まるで印象が違う。たとえば、古画の模写が主体だった江戸時代に、写生を重視した丸山応挙《おうきょ》の鶏《にわとり》は、精細で生命感にあふれている。それまでにない写実性に、当時は描かれた鶏が逃げないよう網がかけられることもあったほどだ。伊藤若冲《じゃくちゅう》の鶏は、実際に鶏を飼って観察した人だからこその一瞬のしぐさや表情が描かれ、鋭い観察眼だけでなく、どこか温かい眼差しを感じる。少し時代をさかのぼって長谷川等伯《とうはく》の場合は、鳥そのものより、鳥を含めた空間を描いたような凛とした雰囲気があり、そこにストーリーが思い浮かべられそうだ。技法の違いももちろんあるが、それぞれの見方が抽出されているからこそ、多様性があり、見る人にも異なる気づきが得られるのだろう。

そもそも絵という概念をくつがえすような新しい表現もある。画材や技法の発明は、その新たな表現の開発を助けてきた。たとえば油絵の発明によって実物そっくりの写実的な表現ができるようになったことは、当時の人びとに相当な驚きをもたらしたという。

さらに絵は、想像上の生物や風景のような、実在しないものを表現することができる。アボリジニのロックアートに描かれた精霊は、新たなモノを知り、新たな知識を教えるものだった。レオナルド・ダ・ヴィンチの「最後の晩餐」や横山大観の「生々流転図」のように、単にモノを見せるだけにとどまらず、そこには人生観や哲学まで盛り込まれることも多い。さまざまな宗教が宗教画を生み出してきたのは、そうして特別な概念や知識を共有することがヒトの心に大きな影響を与えるからなのだろう。

このように、アートの作用の一つめは、新しい「何か」を知ったり、自分がもっていた「何か」の概念(スキーマ)に新しい要素を加えるなど、気づきをもたらすことであるように思う。それによって、わたしたちの世界に広さや深さがもたらされる。

概念をくつがえすアート

もちろんアートは、美しいモノを美しく表現するだけではない。美しくないモノの美しさも表現できるし、よく知っているモノの姿が、まったく別のモノとして表現されていることもある。エッシャーのだまし絵や、マグリットのようなシュルレアリズムがわかりやすい例だろう。絶対にありえない物体をまことしやかに表現してあったり、ありえないモノが組み合わさったりした表現は、独特の違和感や不安定感をもたらす(図5-1)。

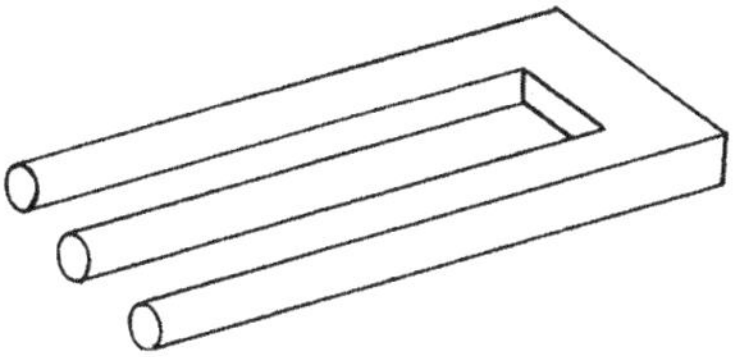

図5-1 絵の上ではありえないモノを表現できる. 独特の不安定感をもたらす不可能図形(Schuster, 1964)

自分のもっていた「何か」の概念を逸脱し、ときにくつがえすモノに出会ったとき、わたしたちは驚き、戸惑う。そこで既存の概念を揺るがし、概念が更新される過程が、わたしたちの心に深い印象を刻みつけるのだろう。

先に見てきたように、わたしたちがモノを見るとき、感覚からのボトムアップ的な情報処理だけでなく、トップダウン的な処理

図5-2　多義図形として有名な「若い女性と老婆」．同時に二つの見立てはできない

もおこなっている。図3-2のメガネをかけたおじさんとネズミのように、文脈が与えられると、トップダウン的な処理に影響を及ぼして、モノの見え方まで変わる。絵に添えられたタイトルは、直接的に文脈を与える。パイプを描いた下に「これはパイプではない」と併記したマグリットの絵のように、言葉の文脈を逆手にとって、概念を裏切る絵もある。

既製の便器にサインをして「泉」とタイトルをつけたマルセル・デュシャンのレディーメイドは、現代アートの革命的な作品だといわれる。これも、タイトルがあるのとないのとではまるで印象が違うが、そもそもアートという文脈に置かれることによって、わたしたちのモノの見方自体が変容していることも自覚させられる。

多義図形を見るとき、一つの見立てをしているときには、同時に別の見立てはできない(図5-2)。しかもいったん「何か」として見てしまうと、その見方から離れて別の見方をするには、意識的な努力が必要だ。しかしそこで新たな気づき(Aha!)ができると、新鮮な喜びがある。アートの作用の二つめは、その転換のきっかけを与え、既存の概念をくつがえしてくれることであるように思う。

概念を拒絶するアート

そしてアートは、そもそも何だかわからないもの、「何か」であることを拒否するようなものであることも多い。目に入るすべてをつねに「何か」として見ようとするヒトの記号的な見方は、そこでも発揮される。

簡単に「何か」として分類できないようなものに対峙するとき、ヒトは心の底にあるより深いイメージを探し、掘り起こそうとする。心理検査で用いられるロールシャッハ・テストなどの投影法は、しみのようなあいまいな形を用いることで、この性質を利用しているのだろう。抽象絵画のように「何か」がわからないものを見たときにも、わたしたちの心では、同じようにイメージの探索が起こっているはずだ。

はじめて樂茶碗を見たときのことだ。千利休の好みであり、侘《わ》び寂《さ》びを代表するような茶碗。ろくろを使わず手で成形する「手づくね」によるゆがんだ形に、釉薬《ゆうやく》を何度も重ねてつくる、深く照りのある黒が黒樂茶碗の特徴である。茶碗の見方など知らなかったが、ただ微妙な色合いのむらとその質感が美しく感じられて、とくに気に入った茶碗をしばらく眺めていた。やがて、20〜30分たったころだろうか、茶碗の表面にふっと夕闇にわき立つ雨雲が見えてきた。

「何か」わからない作品を見つめていると、頭の中でイメージの探索がおこる。そこで気づきがあったものは、深く印象に残る。

そのとき掘り起こされるのは、単に視覚的なモノのイメージだけではない。ヒトは、異種感覚間の変換が得意であり、視覚から肌触りや音を想起したりする。さらに、それに付随したエピソード記憶や情動が呼びおこされることもある。

中学生のころ、理科の教科書をぱらぱらめくっていて、急に鳥肌が立ったことがあった。そのページには、ただ無機質な図が描かれていた。金属中を流れる電気の模式図で、陽イオンの「＋」マークが並んでいる周りを自由電子の「－」マークが飛び回っているだけのものだ。不思議に思い、怖いもの見たさでときどきそのページを開いた。そのたびに鳥肌が立ったが、結局理由はわからなかった。その後すっかり忘れていたが、高校生になったある日、電車のなかでふいにその謎が解けた。ああ、あれは病院の赤十字マークだったのだ、と唐突に腑に落ちたのだ。

わたしは右目に疾患があり、生後2カ月のころから病院通いをしていた。もちろんそのころの記憶はまったくない。ただ、母から聞いた話によると、赤ん坊のわたしは、眼科の暗室のなかで機器に固定されて検査を受け、泣き叫ぶ声が廊下まで響き渡っていたそうだ。教科書の陽イオンの＋マークは、わたしが乳児のころの言語化される以前の思い出せない記憶に結びついていたのではないか。そう思えたとき、極度の病院嫌いも少しだけ軽くなった。

忘れていた記憶や記憶にならない記憶、それに付随する情動だけが呼びおこされることもあるのだろう。作品を見て感動するとき、心がざわつくとき、具体的な知識やエピソード記憶とは結びつかなくても、なんらかのイメージや記憶がときに水面下で掘り起こされ、そのときの情動もともに呼びおこされているのではないだろうか。

作品とじっくり向き合うことは、そうやって自分の知識や記憶を探索することでもある。マティスがいったように、見ること自体がすでに創造的作業であり、努力を要するものだ。アートは、制作する人だけでなく、鑑賞する人にもその創造的作業をうながす。それが三つめの作用なのではないかと考えている。

とはいっても、いくら見ても結局「何か」がわからないままであることも多い。わからないままでいることは、「何か」として分類して見ようとするわたしたちの心に不安定な感じをもたらす。しかし、「何か」がわからないものに向き合い、自分の中のイメージを探索する過程にこそ、アートの醍醐味がある気がしている。

抽象絵画の祖とされるカンディンスキーのエピソードが興味深い。カンディンスキーは、ある日、自分のアトリエですばらしい作品に出会った。自分が描いたはずなのに何の絵だかはわからない。でもとにかく傑作だと思った。しかし近寄ってみると、実はそれは横向きに立てかけておいた馬の絵だった。そしていったん馬だとわかってしまったら、その絵の魅力は失われてしまったという。それをきっかけに、カンディンスキーは抽象表現へと進んでいくことになる。

岡本太郎は、『今日の芸術』のなかで、「今日の芸術は、うまくあってはならない。きれいであってはならない。ここちよくあってはならない」、そしてすぐれた芸術は、「いやったらしい」ものだと書いている。

これまでに見てきたように、アートは、新しい「何か」に出会わせてくれたり、すでにもっていた「何か」の概念(スキーマ)を拡張したり、壊してつくり変えたりする。あるいは、「何か」であることを拒否することで、わたしたちの記憶や情動を掘り起こしたり、不安定なままにしたりする。そうやって心をざわつかせるものこそ、「いやったらしい」アートなのではないだろうか。

想像から創造へ

アーティストにとって、独創的であることは重要な問題だ。技術は他人の作品を模写したり、方法を学んだりすることによって習得することができる。では、独創性を磨くにはどうしたらよいのだろう。

レオナルド・ダ・ヴィンチが『絵画論』で提案したのが、想像することだった。壁のしみや石の模様を見て、さまざまなイメージを見立てる訓練をすすめている。はじめはぼんやりしたイメージしか思い浮かばなくても、見立てていくうちに、よりはっきり、より詳細に、そして何でもイメージできるようになる。とくに絵の背景を描くとき、そうして頭の中から浮かぶイメージを利用すれば、ありきたりの風景を写生して描くよりも独創的なものが描けるはずだと説いた。

それなら、風景画を描くときに、まずはキャンバスにインクで偶発的なしみをつくって、そこから立ち上がるイメージを風景に描けばよいではないか、と「しみづくり(ブロッティング)」と称する挑戦的な方法を提案した画家もいた。アレクサンダー・カズンズだ。ずばり「想像」を、「創造」の手段として使う方法だったが、あまり定着はしなかったようだ。

そして「想像」から「創造」することが得意なのが、子どもだ。わたしたちの実験中、まっさらな画用紙を前にすると、筆をおろすのを戸惑う子もいた。しかも白紙の上だと、お気に入りのキャラクターや、女の子、電車、家など、どちらかというとお決まりのものが並ぶことが多かった。それに対して、あらかじめ何か描かれていると筆を入れやすいし、描かれた形にイメージを見立てて、いつもと違うモノが現れやすい。とくに「さかさネコ耳」を別のモノに見立てるときのように、簡単にはイメージが浮かびにくいとき、普段とは違う意外性のある絵が多く生まれた(図5-3)。子どもたちもそのことを楽しんでいるようで、正立の刺激図形をわざわざ自分でひっくり返して、別の見立て方を探すようになった子もいた。

「何か」のイメージを見立てるときに参照するのは、それまでの経験から得られた知識だ。子どもはまだ、「何か」についての知識が少なく、その一般的な概念としてわずかな要素の

図 5-3　回転画実験で，倒立の刺激図形を正立で別のものに見立てなおした絵

スキーマしかもたない。逆にいうと、わずかなスキーマだけで、モノが「何か」を判断する。だから子どもは、おとなが思いつかないような突飛な想像力を示すのではないか。おとなになるにつれて知識が増え、一つのモノの概念を構成するスキーマも増えていく。そうするとモノの概念が固まってきて、スキーマの要素からはずれるものは、まず除外されてしまう。世界をよく知っているからこそ、自由な見立てができなくなるのかもしれない。

思い出すのは、サン＝テグジュペリの『星の王子さま』の絵だ(図5-4)。おとなたちはこれを見て「帽子」などと答えるが、本当は「ゾウをこなしているウワバミ」である。表面的な特徴で判断しようとするおとなと違って、子どもは、「心で見る」ことができる。

パブロ・ピカソも子どもの絵の創造性にあこがれていた。その背景には、父親の教育方針で、幼いころから本格的な絵を学び、写実的な「うまい絵」を描いていたことがあるという。ピカソには、チンパンジーが描いた絵を気に入って、アトリエに飾っていたという逸話もある。

ピカソが描く過程を収めた映画「ミステリアス・ピカソ」を見ると、描く過程から「子ども」を意識していたのだと感じさせるものがある。筆をもつと、一気に描きはじめる。紙の上に

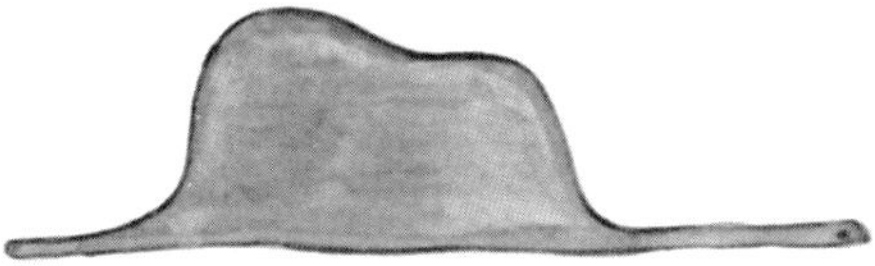

図5-4　星の王子さまの「ゾウをこなしているウワバミ」.「心で見なくちゃ　ものごとはよく見えないってことさ．かんじんなことは　目には見えないんだよ」(サン＝テグジュペリ『星の王子さま』より)

図5-5　ピカソの制作風景(アンリ＝ジョルジュ・クルーゾー監督「ミステリアス・ピカソ──天才の秘密」より)

無造作な線を次々と描いたかと思うと、さっき加えたばかりの線が、あとから加えた線で惜しげもなく消されてしまう。そうやって描線が増減を繰り返すうちに、ふっとモノの形が立ち上がる。一筆ごとに絵が生き生きと動き、花かと思えば鳥へ、鳥かと思えば人の顔へと、めまぐるしく変わっていく(図5-5)。

その様子は、描線にモノのイメージを見立てながら、絵を変化させて描く子どもの姿と重なる。手を動かしながら、立ち上がりかけたイメージを何度も壊して、自分のなかの既成の概念を放棄し、より型破りなモノへ、より意外なモノへ、つくり変える。とらわれないように格闘しているようにも見える。

アーティストやデザイナー、アニメーション作家、建築家など、クリエイターの制作過程では、アイデアスケッチからはじめる人も少なくない。先に頭でアイデアを練ってそれを紙の上に表現するのでなく、自由に見たモノをスケッチしたり、落書きのようにイラストを描いてみたりして、とりあえず手を動かしながらアイデアを形にしていく。半分は偶然性に身をゆだね、自分が描いた線や形からまたインスピレーションを受けるということだろう。動作と感覚のフィードバックループのなかに、創造性や身体知についてのヒントが隠されているのかもしれない。

いずれにしても、イメージを生成するという特性は、ヒトが描くことの認知的な基盤の一つとして、その進化的、発達的起源から関わっている。それがアートの制作と鑑賞の両方の過程に深く関わっていそうだ。「想像」と「創造」とは、その根元から深く結びついているのだろう。

エピローグ　芸術と科学の間で

幼稚園生のころ、一度にいくつのことを考えられるだろうかと考えていた時期があった。よくばって考えているうちにうやむやになり、きちんと数えられたことはない。でも気づいたことがあった。頭のなかに風景をイメージし、音楽を流し、その上で何かを考えれば、数がかせげるということだ。そしてもう一つ気づいたのが、「考え」を数えているもう一つの「考え」があること。そのことに気づいた瞬間に、そのことに気づいた「考え」があることに気がついて、永遠につづく合わせ鏡を覗いてしまったような不思議な感覚を覚えた。

子どもにとって、世界は新しいモノやコトに満ちている。成長していく間に、さまざまな言葉を覚え、さまざまな現象を知り、さまざまな道理を学んでいく。スポンジが水を吸い取るように覚えられるのは、脳に可塑性があり、また知るという行為が楽しいからだ。その過程で、子どもはみなそれぞれに探索し、感じ、興味や疑問をもち、その子なりの論理を駆使して、世界を知ろうと真剣に考えているのだと思う。

子どもは生まれながらにアーティストだ、問題は、おとなになってもそれを忘れないでいられるかだ、とピカソはいった。つけ加えるならば、子どもは生まれながらにアーティストであり、また科学者でもあるのだと思う。

わたくしごとが続いて恐縮だが、京都大学の理学部、医学研究科を経て、博士課程から東京藝術大学に飛び込んだ。やや曲がりくねってはいるが、自分の中では一本の道だ。とはいえ180度違う環境に、はじめは少し戸惑うこともあった。そんなとき、この道を選んでよかったと思えたきっかけの一つが、茂木健一郎さんの授業のゲストで来られたアーティスト、内藤礼さんの言葉だった。学生からのなぜアーティストになったのかという質問に、こんなふうに答えられた。

「たとえば今、木漏れ日からさす光がカーテンにきらきら映し出される感じ。そんな普段の生活の中の一場面や自然の美しさを、いいなあ、と感じている。ほんとうはそうして自分で感じているだけでいいのだけれど、その「感じ」をアートのなかに表現したい。別にだれがしなくてもいいのだけれど、やらずにはいられない。わたしは、究極に美しいものをつくりたい」

ああ、わたしの目指す研究者としての姿勢と同じだと思った。身近な場面や自然現象に触れて、おもしろい、不思議だなあと感じる。それだけでもいいけれど、なぜなのか、どうなっているのかを探究したい。自分が感じた五感や疑問から出発する姿勢は、京都大学でフィールドワークを通して学んだことでもあり、これからももち続けたいと思っているものだ。

科学者であり芸術家でもあったレオナルド・ダ・ヴィンチの手稿を見ていると、実にさまざまなものや現象に目を向けて、深い考察をしていることに驚く。なんといってもその観察力だ。モノや現象のしくみを知るために、ひたすら観察し、絵を描き、深く考察した。そんなレオナルド・ダ・ヴィンチが残した言葉にも励まされる。

「心を深く成長させるためには、芸術の科学を学びなさい。科学の芸術を学びなさい。感覚を磨いて、ものの見方を身につけなさい。どんなものにも必ずつながりがあるはずです」

少し変わった経歴と研究テーマのため、専門を聞かれるといつも困っていたが、最近では勝手に造語して「芸術認知科学」としている。芸術と科学は、その方法論も結果として表現するものもまったく異なるので、「感性」対「知性」のように対極的なものとして扱われがちだ。でもむしろ、その根っこの部分にこそ共通するものがある気がしている。それを足がかりに研究を続けていきたい。

科学という立ち位置から芸術の本質的な部分を目指しても、光をあてられるのはほんのわずかかもしれない。しかし、真っ暗な洞窟の中を小さな灯りで探検するような楽しみがある。そこに必要なものは、やはり「子どもの心」をもち続けることのように思う。

謝　辞

この本で紹介した著者の研究は、京都大学霊長類研究所の林美里さん、松沢哲郎先生、滋賀県立大学の竹下秀子先生、上野有理さんとの共同研究によるもので、多くのご指導をいただきました。ＪＳＰＳ科学研究費補助金による助成を受け、滋賀県立大学の子育ち応援ラボ「うみかぜ」参加者のみなさんと、霊長類研究所のチンパンジーたちのご協力のおかげで成り立った研究です。

東京藝術大学の布施英利先生、松尾大先生、日比野克彦先生と松沢先生には、この本の土台となった博士論文のご指導をいただきました。美術解剖学研究室でともに過ごした仲間たちや、描画の認知プロセスについて共同研究を進めている、映像研究科の藤幡正樹先生ほか藤幡研ＣＲＥＳＴプロジェクトのみなさんと古澤龍さん、札幌大谷大学の小町谷《こまちや》圭《けい》さんには、いつも楽しい議論の場をいただきました。

研究を進めるにあたっては、友永雅己先生、田中正之先生、野上悦子さん、井上紗奈さん、高島友子さん、酒井道子さん、由利恵子さん、高橋佐和子さん、一井泉さん、那須和代さんをはじめ、多くの方がたのお世話になりました。岩波書店の猿山直美さんは、この本の執筆の機会を与え、忍耐強く原稿をお待ちくださいました。

また、松林公蔵先生、伊谷原一先生、正木明子さん、熊本サンクチュアリのチンパンジーと人間のみなさん、そして、曲がりくねった道を歩くわたしを見守ってくれた家族と友人たち、ほかにもたくさんの方がたとの出会いや支えのおかげで、この本の執筆にいたりました。心からの感謝をささげます。

２０１３年11月

齋藤亜矢

参考文献

本書のためにたくさんの文献を参照したが，さらに興味をもった読者のために，芸術の起源とその認知的な基盤の探究に関連する書籍をあげる．

安斎千鶴子(1986)『子どもの絵はなぜ面白いか――お母さんが子どもを理解するために』講談社

今井むつみ(2010)『ことばと思考』岩波新書

岩田誠(1997)『見る脳・描く脳――絵画のニューロサイエンス』東京大学出版会

岩田誠・河村満編(2012)『脳とアート――感覚と表現の脳科学』医学書院

岡本太郎(1973)『今日の芸術』講談社文庫：(1999)『今日の芸術――時代を創造するものは誰か』光文社知恵の森文庫

海部陽介(2005)『人類がたどってきた道――“文化の多様化”の起源を探る』NHK ブックス

グッデイル, メルヴィン・ミルナー, デイヴィッド(2008)『もうひとつの視覚――〈見えない視覚〉はどのように発見されたか』鈴木光太郎・工藤信雄訳, 新曜社

小泉英明編著(2008)『恋う・癒す・究める 脳科学と芸術』工作舎

コックス, モリーン(1999)『子どもの絵と心の発達』子安増生訳，有斐閣選書

ゴンブリッチ, E. H. (1979)『芸術と幻影』瀬戸慶久訳，岩崎美術社

ゼキ, セミール(2002)『脳は美をいかに感じるか――ピカソやモネが見た世界』河内十郎訳，日本経済新聞社

ソルソ, ロバート, L. (1997)『脳は絵をどのように理解するか――絵画の認知科学』鈴木光太郎・小林哲生訳，新曜社

竹下秀子(2001)『赤ちゃんの手とまなざし――ことばを生みだす進化の道すじ』岩波科学ライブラリー

中川織江(2005)『粘土遊びの心理学――ヒトがつくる，チンパンジーがこねる』風間書房

中原佑介編著(2001)『ヒトはなぜ絵を描くのか』フィルムアート社

ハンフリー, ニコラス(2004)『喪失と獲得――進化心理学から見た心と体』垂水雄二訳，紀伊國屋書店

ホフマン, ドナルド, D. (2003)『視覚の文法――脳が物を見る法則』原淳子・

望月弘子訳，紀伊國屋書店
松沢哲郎(1995)『チンパンジーはちんぱんじん――アイとアフリカのなかまたち』岩波ジュニア新書
松沢哲郎(2011)『想像するちから――チンパンジーが教えてくれた人間の心』岩波書店
松沢哲郎編著(2010)『人間とは何か――チンパンジー研究から見えてきたこと』岩波書店
三浦佳世(2007)『知覚と感性の心理学(心理学入門コース 1)』岩波書店
港千尋(2001)『洞窟へ――心とイメージのアルケオロジー』せりか書房
ミズン,スティーヴン(1998)『心の先史時代』松浦俊輔・牧野美沙緒訳，青土社
ミズン,スティーヴン(2006)『歌うネアンデルタール――音楽と言語から見るヒトの進化』熊谷淳子訳，早川書房
モリス,デズモンド(1975)『美術の生物学――類人猿の画かき行動』小野嘉明訳，法政大学出版局
ラマチャンドラン,V. S.(2013)『脳のなかの天使』山下篤子訳，角川書店
レオナルド・ダ・ヴィンチ(1954)『レオナルド・ダ・ヴィンチの手記(上)』杉浦明平訳，岩波文庫
レンチュラー,インゴ・エプスタイン,デイヴィッド・ヘルツバーガー,バーバラ編著(2000)『美を脳から考える――芸術への生物学的探検』野口薫・苧阪直行訳，新曜社

齋藤亜矢

1978年茨城県生まれ．京都大学理学部，京都大学大学院医学研究科修士課程を経て，東京藝術大学大学院美術研究科博士後期課程修了(博士(美術))．京都大学野生動物研究センター特定助教，中部学院大学准教授等を経て，現在，京都芸術大学教授，京都大学野生動物研究センター特任准教授．
著書に『ルビンのツボ──芸術する体と心』(岩波書店)，共著書に『人間とは何か──チンパンジー研究から見えてきたこと』(岩波書店)，『ベスト・エッセイ2018』『ベスト・エッセイ2020』(光村図書出版)などがある．

岩波 科学ライブラリー 221
ヒトはなぜ絵を描くのか──芸術認知科学への招待

2014年2月4日 第1刷発行
2023年7月14日 第5刷発行

著 者 齋藤亜矢《さいとうあや》

発行者 坂本政謙

発行所 株式会社 岩波書店
〒101-8002 東京都千代田区一ツ橋2-5-5
電話案内 03-5210-4000
https://www.iwanami.co.jp/

印刷・製本 法令印刷 カバー・半七印刷

ISBN 978-4-00-029621-2 Printed in Japan

●岩波科学ライブラリー〈既刊書〉

314 宮竹貴久
「死んだふり」で生きのびる
生き物たちの奇妙な戦略
定価一四三〇円
動きを止めて、奇妙なポーズで「死んだふり」。本当に生きのびやすくなるの？　する・しないを決める要因とは？　将来、医療に死んだふりが役立つ!?　奇妙な行動戦略を深く掘り下げる、国内初の死んだふり入門書。

315 源　利文
環境DNA入門
ただよう遺伝子は何を語るか
定価一三二〇円
生きものたちが「そこにいた」痕跡、環境DNAは、生物研究の新たな扉を開きつつある。海の水からそこにすむ魚がわかり、葉っぱのはみ跡から「犯人」がわかる……!?　第一人者が、その驚くべき可能性を臨場感たっぷりに語る。

316 竹市雅俊
あつまる細胞
体づくりの謎
定価一八七〇円
細胞は、自発的に「あつまって」私たちの体をつくる。いったんバラバラにしても、また集まる。なぜ……!?　素朴な疑問から、細胞間接着分子カドヘリンの発見、そしてさらなる謎解きの旅路をたどり、発生の妙へと読者をいざなう。

317 羽馬哲也
宇宙の化学
プリズムで読み解く物質進化
定価一七六〇円
太古から人々は、虹という現象を介して太陽光が波長によって分かれる様子を目撃していた。この古くから知られる「分光」が、宇宙の物質進化を解明する鍵となる。さまざまな分野と結びついて発展してきた宇宙の化学の物語。

318 仲谷正史、山田真司、近藤洋史
脳がゾクゾクする不思議
ASMRを科学する
定価一五四〇円
ゾクゾク……、ゾワゾワ……、ウズウズ……。このような言葉で形容される感覚・反応であるASMR。謎に包まれたこの生理現象を科学的に解明することはできるのか？　3人の研究者がそれぞれの専門領域から掘り下げる。

定価は消費税一〇％込です。二〇二三年六月現在